전국 임진왜란 유적 답사여행 총서 ❶

부산·김해 임진왜란 유적

이 책 소개

    이 책은 부산광역시와 경상남도 김해시에 있는 임진왜란 주요 유적지를 글과 사진으로 해설한 답사 여행 안내서입니다.
    책에는 '죽기는 쉬워도 길을 빌려주기는 어렵다'는 명언으로 우리 모두의 심금에 남아 있는 동래 부사 송상현 등 동래성 전투 순절 의사들을 기리는 **송공단**, 정발 장군 등 임진왜란 최초 접전지 부산진성 전사 영령들을 기리는 **정공단**, 윤흥신·윤흥제 형제를 비롯하여 다대포 전투 희생자들을 기리는 **윤공단**, 동래성·수영성·다대포진 등지에서 의병을 일으켜 싸운 선열들을 기리는 **동래 의총·수영 25의용단·사상 9인 의사 연구 제단**, '지금까지 싸운 중 가장 큰 승리'라고 이 충무공이 스스로 의의를 부여했던 부산해전의 선봉장 정운을 기리는 **정운공 순의비**, 임진왜란 최초의 의병으로 평가받아 마땅한 김해 선비들을 제향하는 김해 **송담서원·사충단·서상동 고인돌**, 풍신수길 독살설의 **삼절사**, 이순신의 '추억'이 깃들어 있는 **영도·가덕도·오륙도**, 수로왕릉 보전의 역사를 증언하는 **구천 서원**, 선조의 '대국민 담화'를 생각하게 하는 **어서각**, 대장의 이해할 수 없는 도주를 되돌아보게 되는 **수영성**, 도심 한복판의 일본 왜성 **자성대**, 임진왜란의 역사를 알 수 있는 **조선 통신사 역사관과 부산 충렬사** 등 모두 48곳(현장 사진 101매 첨부)이 소개되어 있습니다. (부산광역시와 김해시에 소재하지 않으면서 본문 안에 등장하는 타 시·도의 임진왜란 유적에 대해서도 사진과 간략한 설명을 붙여 두었습니다. 타 시·도에 있는 임진왜란 유적을 답사할 때 참고가 될 것입니다.)
    책에 실린 유적과 유적지들은 사건이 벌어진 시간 순서대로 배치하였습니다. 따라서 책을 처음부터 끝까지 순서대로 읽으면 임진왜란의 역사를 상당 부분 이해할 수 있습니다. 다만 임진왜란이 부산과 김해에서만 일어난 것은 아니므로 책 끝에 붙여둔 임진왜란 연표와 임진왜란 약사를 먼저 본 뒤 본문을 읽으면 1592년~1598년 7년 전쟁의 흐름을 더욱 정확하게 헤아릴 수 있을 것입니다.

일반적으로 잘 사용되지 않는 한자어들에는 청소년 독자들이 알기 쉽도록 작은 글자로 설명을 덧붙여 두었습니다. 예를 들면 '행재소行在所(임금이 임시로 머무는 곳)', '파비破碑(부서진 비석)' 식입니다. 그리고 「墮淚碑타루비」처럼 원문이 한자인 경우에는 앞에 한자, 뒤에 한글 발음을 써서 당시 분위기를 살리기도 했습니다.

우리나라 반만 년 역사에서 가장 크고, 길고, 피해가 막심했던 전쟁이 임진왜란입니다. 그 전쟁을 겪고도 우리는 일본의 식민지가 되었고, 급기야 분단마저 되었습니다. 1950년에는 전쟁까지 치렀습니다. 역사를 잊은 민족에게는 미래가 없다고 했는데, 정말 그렇게 되었습니다.

임진왜란부터 확실히 기억해야 합니다. 독립 전쟁과 6·25전쟁에 대해서도 잘 알아야 합니다. 그래야 나라가 살고, 우리 후대의 미래가 밝아집니다. 저자가 붓과 사진기를 들고 전국 방방곡곡을 5년 동안 누빈 것은 그 때문이며, 이 책에는 부산과 김해의 임진왜란 유적만 다루었지만 전국의 임진왜란 관련 주요 유적 모두를 충남 편, 충북 편, 수도권·강원 편, 전라도 내륙 편, 남해안 편, 동해안 편, 대구 편, 경남 서부 편, 경북 서부 북부 편으로 나누어 10권의 총서로 안내한 것도 그 때문입니다.

이 총서에 소개되지 않은 임진왜란 유적과 인물에 대해 clean053@naver.com으로 알려주시기 바랍니다. 증보·개정판을 더 충실하게 만드는 데 큰 힘이 될 것입니다. 독자 여러분의 건승을 기원합니다.

명량 대첩 420주년(2017년 음력 9월 16일)을 맞으며
저자 정만진

부산·김해 임진왜란 유적

동래성 전투
송상현 선생 동상[1)]

임진왜란 연표·약사·269

'7년 식민지'를 극복한 부산 정신을 찾아서
부산 임진왜란 유적 일람·10

일본의 침략 가능성을 정반대로 보고한 두 사람
부산 조선 통신사 역사관·18

임진왜란 최초 접전에서 순절한 의사들
부산 정공단·33

"싸워서 죽기는 쉬워도 길을 빌리기는 어렵다"
부산 송공단·43

살아서도 죽어서도 일제의 만행을 증언하누나
부산 동래 의총·69

풍신수길 독살의 전설이 깃들어 있는 곳
부산 삼절사·76

쏟아지는 적의 칼날, 형 안고 죽은 동생
부산 윤공단·86

수령은 도주하고, 백성들은 의병을 일으키고
부산 수영성 1·96

---

1) 1592년 4월 15일 동래 부사 송상현은 "싸워서 죽기는 쉬워도 길을 빌려주기는 어렵다"라는 명언으로 '부산 정신'을 간명하게 표현했다.

임진왜란 초기 박홍과 원균의 행적
부산 수영성 2 · 109

400년 이상 이어져온 평민들의 선열 제사
부산 사상 9인 의사 연구 제단 · 130

신분 차별 없이, 의사들을 모두 모시는 정신
부산 충렬사 · 147

임진왜란 최초 의병, 누군지 아십니까
김해 송담서원 · 사충단 · 163

청동기 고인돌 위에 세워진 의병장 순절 기념비
김해 송빈 순절 기적비 · 178

수로왕릉 보전 후 의병에 뛰어든 선비
김해 구천서원 · 184

부산포에서 전사한 장군, 지금도 군대 생활 중
부산 정운공 순의비 · 195

부산 앞바다에 서려 있는 이순신의 슬픔
부산 영도 · 가덕도 · 오륙도 · 208

선조는 왜 '대국민 시국 편지'를 썼을까
김해 어서각 · 242

대도시 한복판에서 보는 희귀한 왜성 유적
부산 자성대 · 252

명나라 공주를 일본 왕의 후궁으로 보내라?
부산 천룡사 사명 대사 충의비 · 262
[바탕 사진] 청운 전사지 다대포

정발 장군 동상

부산·김해 임진왜란 유적 답사 순서
부산 동북부에서 출발하여 가덕도까지, 그리고 김해로!

00. 양산 충렬사 양산시 교동 157-10
* 부산
01. 삼절사 문화재자료 1호, 해운대구 반송동 143
02. 임진동래의총 기념물 13호, 동래구 온천동 291-1 금강공원
03. 동래 읍성 기념물 5호, **동래읍성역사관** 동래구 복천동 1-2
04. 동래 향교 기념물 61호, 동래구 명륜동 235
05. 송공단 기념물 11호, 동래구 복천동 229-78
06. 충렬사 유형문화재 7호, 동래구 안락동 421-33, 송상현공 명언비
    - 소줄당- 기념관- 의열각- 본전- 동래24공신 공적비- 의중지
07. 사명대사 충의비 부산진구 초읍동 358-33 천룡사
08. 송상현 동상 부산진구 전포동 575

09. 25의용단 기념물 12호, 수영구 수영동 372
10. 수영성 유형문화재 17호, 수영동 251-16
11. 임진왜란 좌수영 무주망령 천도비 수영구 민락동 327-2 옥련선원
12. 동래남문비 기념물 21호, 남구 대연동 948-1 부산 박물관
13. 자성대 기념물 7호, 동구 범일동 321-52, 서문- 영가대-
    조선 통신사 역사관- 동문- 왜성- 진남문- 천장군 기념비
14. 정공단 기념물 10호, 동구 좌천동 473
15. 윤흥신 장군 석상 동구 초량동 1143-1
16. 정발 장군 동상 동구 초량동 1148
17. 윤공단 기념물 9호, 사하구 다대동 157-1
18. 정운공 순의비 기념물 20호, 다대동 산145
19. 사상 9인 의사 연구 제단 괘법동 산17-3
20. 가덕도 일본군 포 진지터 강서구 대항동 산13-23

* 김해
21. 산해정 문화재자료 125호, 대동면 주동리 737
22. 관천재 삼방동 581-4
23. 송담 서원, 사충단 기념물 99호, 동상동 161
24. 류공정 동상동 883-26 김해재래시장 안
25. 고인돌, 송빈 순절 기적비 기념물 4호, 서상동 6-7
26. 김해 읍성 북문 동상동 314
27. 어서각 문화재자료 30호, 흥동 411-2
28. 삼충대 진례면 신안리 457-1 신안 노인정
29. 낙오정 진례면 청천리 570
30. 구천 서원 상동면 우계리 811

1592년 4월, 부산에서
임진왜란이 시작되었다.
1598년 11월, 부산에서
임진왜란이 끝났다.
일본을 오가는 통신사들도
부산에서 떠나고
부산으로 돌아왔다.
그 부산,
부산에는 어떤 임진왜란 유적이 남아 있을까?
그 모두를 찾아 길을 나선다.
부산 임진왜란 유적 일람······.

부산 임진왜란 유적 일람
'7년 식민지'를 극복한 '부산 정신'을 찾아서

    임진왜란 발발 이전에도 부산은 조선과 일본이 만나는 지점이었다. 일본의 국왕사國王使(일본 측 통신사) 사절단이 부산으로 들어온 것은 물론, 조선의 통신사들도 일본으로 출발하고 귀국할 때 부산에 머물렀다. 세칭 '정여립 모반 사건'이 터진 1589년 10월보다 약 다섯 달 뒤인 1590년 3월, 일본 정세를 알아보기 위해 100년 이상 중단되었던 통신사 교류를 재개했을 때 황윤길 일행이 배를 띄운 곳도 부산이었다.

    약 1년 뒤 통신사 임무를 마치고 돌아온 황윤길 일행이 배에서 내린 곳도 부산이었다. 황윤길은 부산에 정박하자마자 조정으로 파발마를 띄웠다. 파발마의 손에는 '일본은 반드시 전쟁을 일으킬 것입니다必有兵禍!'라고 쓴 황윤길의 치계(보고서)가 들려 있었다.

    하지만 선조와 조정은 전쟁 대비에 별 관심이 없었다. 그들은 3년 내내 정여립 사건 관련자를 색출하고 조작하여 1,000여 명의 목숨을 빼앗는 일에 골몰했다. 황윤길의 귀국 보고 이후 약 13개월 뒤인 1592년 4월 13일 일본군은 부산 앞바다에 진을 쳤고, 4월 14일 부산진성(첨사 정발)을 공격하여 함락시켰다.

죽도마을 정여립 근거지, 전라북도 진안군 상전면 수동리

서인西人의 젊은 인재 정여립鄭汝立(1546~1589)이 갑자기 집권 세력인 동인東人을 자처하자 선조가 이를 비판한다. 정여립은 벼슬을 버리고 전라도 죽도마을로 내려와 군사 조직 성격의 대동계大同契를 조직한 뒤 이를 점차 전국 규모로 키워간다. 정여립은 '목자木子(李이씨)가 망하고 전읍奠邑(鄭정씨)이 일어난다.'거나 '천하는 공공의 물건天下公物(임금 소유가 아니라는 뜻)'이라는 말을 일삼은 혁신적 사상가였다. 1589년 10월 정여립이 반란을 도모하고 있다는 고발이 선조에게 들어가고, 그를 따르던 세력의 일부가 체포된다. 정여립은 죽도에서 자살한다. 선조는 서인 정철에게 사건 처리의 권한을 준다. 선조의 지원을 받은 정철은 그 이후 3년에 걸쳐 동인 세력 1,000여 명을 죽인다. 임진왜란 발발 직전까지 선조와 조정은 이 일에 매달렸다.

동래성 북문 동래구 복천동 1-2

　일본 침략군의 선봉 소서행장小西行長(고니시 유키나가) 부대는 다음날인 4월 15일 동래성(부사 송상현)도 점령했다. 다대포성(첨사 윤흥신)도 예외가 되지 못했다. 경상 좌병사 이각은 부산진성이 함몰되자 동래성 전투에는 참여도 않고 뒷문으로 도주했다. 부산 좌수영의 수령 박홍도 일본군의 전선들이 바다에 밀려오는 것을 보고 스스로 함선들을 바닷물 속에 침몰시킨 후 잽싸게 달아나버렸다.
　그런 사정 탓에, 임진왜란 발발 직전 및 초기와 관련되는 유적지들은 모두 부산에 있다. 조선 통신사 역사관, 부산진성 전몰 선열들을 기리는 정공단(기념물 10호), 동래성 순절 의사들을 기념하는 송공단(기념물 11호), 다대포 전투 전사자들의 넋을 추모하는 윤공단(기념물 9호) 등이다.

동래부사의 갑옷과 투구

특히 동래성 전투는 임진왜란 초기의 전쟁 상황을 상징하는 싸움인 까닭에, 송공단 외에도 관련 유적이 많다. 이름 없이 죽어간 용사들을 기리는 임진동래의총(기념물 13호), 송상현을 기려 1670년(현종 11)에 세워진 동래남문비(기념물 21호), 동래 읍성 및 동래읍성역사관, 송상현 동상, 동래향교에서 순절한 양조한 등을 숭앙하여 세워진 삼절사(문화재자료 1호)…… 등, 이 모두가 동래 전투 유적들이다.

전투도 없이 적의 손에 넘어간 수영성에 답사할 만한 유적이 많다는 점은 뜻밖이다. 수영구 수영성로 42와 43 사이에 있는 수영성 남문(유형문화재 17호), 경상 좌수사 등의 기도처로 알려진 남문 안 곰솔(천연기념물 70호)과 수영 고당(사당), 박홍이 줄행랑을 쳐버린 황당한 상황에서도 의병으로 일어나 유격전을 펼친 의사들을 기리는 '25 의용단'(기념물 12호) 등이 그들이다.

수영성 관련 유적에는 '임진왜란 좌수영 무주 망령 천도비壬辰倭亂左水營無主亡靈薦度碑'도 있다. 백산白山 옥련선원에 있는 이 비석은 1999년에 세워진 것으로, 좌수영 일원에서 의병 활동을 하던 중 이름도 없이 죽어간 영령들을 달래기 위해 건립되었다. 천도비가 이곳에 세워진 것은 백산 정상부 일대가 경상 좌수사가 수시로 찾아와 오랑캐夷들을 살핀覘 첨이대覘夷臺 터이기 때문이다.

부산에 있기는 하지만, 실제로 보기는 어려운 임진왜란 유적도 있다. 이순신과 더불어 부산포 해전을 대승으로 이끌지만, 끝내 현장에서 전사한 정운 장군을 기려 세워진 정운공 순의비(기념물 20호)가 그 주인공이다. 몰운대 끝자락에 있는 이 빗돌은 아무 때나 찾아가도 볼 수 있는 역사유적이 아니다. 군사 통제 구역 안에 있는 탓에 사하구청이나 군 부대의 사전 허가를 얻은 후에야 철조망 안으로 들어가 답사할 수 있다.

그런가 하면, 부산은 임진왜란이 시작된 첫날부터 끝나는 날까지 줄곧 일본군 점령지였기 때문에 왜성이 많다. 특히 부산진지성(일명 자성대)은 시내 중심가에 위치할 뿐만 아니라, 조선 통신사 역사관까지 거느리고 있어 답사하기에 아주 쉽고 또 풍성하다. 기차 등 대중 교통을 이용하여 부산광역시까지만 가면 볼 수 있는 왜성, 그곳이 바로 자성대이다.

7년 내내 일본군의 점령지였고, 또 전쟁 초기 피해 지역이었던 탓에 부산에는 많은 전사자가 생겨났다. '사상 9인 의사 연구 제단 沙上九人義士戀舊祭壇'은 그 참상을 증언해주는 유적의 하나이다. 임진왜란이 일어났을 때 사상 거주 청년들은 대거 전쟁에 참전했다. 하지만 7년에 걸친 긴 임진왜란이 끝난 뒤 살아서 귀가한 사람은 모두 9명뿐이었다. 그 아홉 사람은 죽은 이들을 기려 비를 세우고 제사를 지내기 시작했다. 지금도 그 후손들이 선조들의 옛舊 마음을 그리워하며戀 제사를 이어가고 있는 이 유적은 사상구 괘법동 산17-3에 있다.

많은 전사자와 오랜 기간의 피점령은 다른 그 어느 지역보다도 웅장하고 위엄 넘치는 합동 사당을 부산에 낳았다. 충렬사(유형문화재 7호)에는 송상현공 명언비, 안락서원 강당 소줄당, 여성 전몰 의사들을 기리는 의열각, 사당 본전, 「동래 24공신 공적비」, 많은 대형 기록화들을 볼 수 있는 기념관 등 둘러볼 만한 시설들이 다양하게 갖춰져 있다.

다대포성을 무너뜨린 일본군은 김해로 몰려왔다. 부사를 비롯한 관군 지휘부는 줄행랑을 쳐버렸다. 1592년 4월 20일까지, 송빈, 이대형, 김득기, 류식을 비롯한 김해 사람들은 1만 3,000여 일본 대군에 맞서 끝까지 싸웠다. 이들은 나라 안 최초의 의병이었다. 송담 서원과 사충단(기념물 99호), 송빈 의병장이 전투 마지막 순간에 스스로 목숨을 버린 서상동 고인돌(기념물 4호), 복원되어 있는 김해 읍성 북문 등이 관련 주요 유적이다.

1593년 9월, 권탁은 선조가 내린 「선조 국문 유서」를 품고 일본군 주둔지에 접근했다. 이 문서는 일본군에 포로로 잡혀 하수인으로 살고 있는 조선 백성들에게 탈출할 것을 권유하는 선조의 한글 편지였다. 권탁은 포로들을 설득, 적군을 유인하여 섬멸하고 조선 백성 100여 명을 구출했다. 김해에는 권탁이 품고 다녔던 선조 국문 유서(보물 951호)를 보관해온 어서각(문화재자료 30호)이 있다.
　임진왜란과 직접 연관되지는 않지만 꼭 들러야 할 곳이 산해정(문화재자료 125호)이다. 산해정은 곽재우, 김면, 정인홍 등 무수한 임진왜란 의병장들을 제자로 키워낸 남명 조식 선생이 오랜 세월 동안 강학했던 공간이다. 임진왜란 때 불탔지만 안희, 허경윤 등 제자들이 중건했다. 허경윤은 의병장으로 활동한 인물로, 구천 서원에서 모시고 있다.

김해 읍성 북문 동상동 314 일원

영가대 동구 범일동 326-36
통신사 일행이 일본으로 떠날 때 ↗

↗ 바다의 신에게 제사를 지내고,
돌아와서도 귀국 행사를 연 곳.

부산 조선 통신사 역사관
일본의 침략 가능성을 정반대로 보고한 두 사람

조선은 1403년(태종 3) 명의 책봉을 받는다. 그 이듬해 일본의 족리의만足利義滿(아씨카가 요씨미스) 쇼군將軍(장군, 군사 정부의 실권자)도 책봉을 받는다. 조선과 일본은 중국에는 사대事大를 하고, 서로는 교린交隣을 하는 입장이 되었다. 그래서 사절이 오가게 되었다.

조선 국왕이 일본의 막부幕府(군사 정부) 쇼군에게 보낸 공식 외교 사절을 요즘은 흔히 '조선 통신사'라 부른다. 하지만 통신사가 오가던 당시 조선에서는 '조선 통신사'라는 호칭을 쓰지 않았다. '일본 통신사, 통신사, 신사' 등을 썼다. '조선 통신사'는 '조선 통사, 신사'와 더불어 일본인들이 사용한 호칭이었다. 통신사通信使는 신信의로 통通하는 사使절이라는 뜻이었다.

쇼군이 조선에 보내는 사절은 '일본 국왕사日本國王使'라 불렀다. 조선 전기에 일본으로 파견된 사절은 18회, 일본이 조선에 파견한 사절은 71회였다. 조선 국왕이 일본에 보낸 사절을 모두 '통신사'라 부르지는 않았고, 실제로 막부 쇼군에게 간 것도 여덟 번뿐이었다.

특히 임진왜란 직후인 1607년, 1617년, 1624년에는 사절단을 회답 겸 쇄환사回答兼刷還使라 불렀다. 덕천德川(도쿠가와) 막부를 신뢰할 만한 통신국通信國으로 인정하지 않았던 것이다. 통신사 명칭은 1636년에 회복되었다.

통신사라는 명칭은 1375년(고려 우왕 1)에 처음 사용되었다. 이때 우왕은 실정室町(무로마치) 막부의 쇼군에게 왜구 금지를 요청하는 사절을 파견했다. 하지만 이름만 통신사였을 뿐 조선 시대의 통신사와는 내용이 전혀 다른 사절단이었다. 조선 시대의 통신사는 국왕이 일본 국왕의 길사 축하와 흉사 조문 및 두 나라 사이의 긴급 현안을 해결하려는 목적 아래 일본 쇼군에게 파견한 국왕사國王使로서, 중앙의 높은 관리들로 구성된 삼사三使 등은 조선왕의 국서國書(국가 외교 문서)와 예단禮單(예물 목록을 기록한 종이)을 지참했다.

통신사가 조선 시대 들어 처음 조직된 것은 1413년(태종 13)이었다. 하지만 일본으로 가던 중 정사 박분朴賁이 병을 얻어 귀국함으로써 통신사가 실제로 오간 것은 아니었고, 1428년(세종 10) 정사 박서생朴瑞生2) 이하의 사절단이 최초의 통신사 임무를 수행했다. 그 이후 통신사는 양국의 우호와 교린을 상징하게 되었고, 조선 시대 전체에 걸쳐 총 20회(조선 전기 8회, 조선 후기 12회) 이루어졌다.

구천서원 육선생 매판소 비석

---

2) 박서생은 경북 의성 구천면 위성리의 구천서원에 제향되었다. 구천서원은 1868년(고종 5) 서원 철폐령 때 훼철된 후 아직 복원되지 못했다. 서원 터에는 「구천서원 육선생 매판소」 표지석이 세워져 있다. 매판소는 뒷날 다시 꺼내어서 사용하기 위해 현판이나 위패 등을 임시로 묻어둔 장소이다.

조선은 임진왜란 이전에는 왜구 문제를 해결하는 데에 통신사 파견의 주된 목적을 두었다. 일본은 구리를 조선으로 가져가서 쌀, 콩, 목면 등 생필품을 받아가거나, 선종禪宗의 유행에 따라 대장경과 범종을 가져가는 경제적·문화적 목적을 추구했다. 조선의 통신사는 임금의 국서와 함께 인삼, 비단, 호랑이 가죽, 매, 문방사우를 쇼군에게 전달했고, 쇼군은 갑옷, 큰칼, 병풍, 서랍장 등의 답례품과 함께 답서를 통신사에게 주었다.

조선통신사의 조복 부사 정사

조선 후기에는 전쟁 종결을 위한 강화 교섭, 외국에서 떠도는 피로인被擄人들을 다시 국내로 데려오는 쇄환刷還, 정세 탐문 등에 통신사 파견의 목적을 두었다. 물론 어느 시기이든 형식적으로는 막부 쇼군의 습직(이어받음) 축하 등 정치적·외교적 목적을 표방했다.

조선 후기에는 일본 국왕사를 조선 조정이 허락하지 않았다. 일본 국왕사가 부산에서 한양까지 오간 길이 임진왜란 때 일본군의 이동 경로가 되었다는 판단 때문이었다. 그 대신 막부 쇼군에 관한 일은 차왜差倭(대마도가 파견한 임시 사신)가 대신했다.

통신사는 19세기 중반 소멸되었다. 서구 제국주의가 동양으로 진출하면서 조선과 일본은 서로 다른 길을 갔다. 두 나라는 통신사 교류를 통한 우호와 교린의 구축에 애쓸 겨를도 없었다. 조선은 쇄국 정책을 썼고, 일본은 서구에 나라를 개방했다. 일본은 서구와 더불어 조선을 침략하는 데 골몰했고, 실제로 1910년에는 조선을 식민지로 만드는 데 성공했다.

「조선 통신사 역사관」은 부산진지성(통칭 "자성대")의 동문과 서문 중간 지점에 있다. 이 역사관은 조선과 일본을 오간 통신사에 관한 하나의 주제만을 다루고 있는 보기 드문 역사관이다.

조선 통신사 역사관을 운영하는 부산문화재단은 2013년 《평화의 사절단 조선 통신사》를 발간했다. 이 책의 본문 첫 페이지는 '임진왜란 이후 단절된 국교를 회복하고자 일본 막부의 요청에 의해 조선에서 일본으로 파견된 공식 사절단을 조선 통신사라 한다.'라는 문장으로 시작한다. 본문은 '통신은 신의를 나눈다는 의미로, 조선 통신사를 통한 교류는 신뢰를 기반으로 한 조선과 일본의 평화와 선린 우호를 상징한다고 할 수 있다.'라고 설명한다.

《평화의 사절단 조선 통신사》는 '조선 통신사는 1607년부터 1811년까지 약 200여 년간 12번에 걸쳐 도쿠가와[3] 막부의 경사나 쇼군의 계승이 있을 때 일본을 방문'했는데 '조선 국왕의 국서를 전달하고 도쿠가와 쇼군의 답서를 받아오는 것이 주된 임무였다.'라고 말한다. 통신사는 일본 군사 정부를 방문하여 조선 국왕이 보낸 국가 문서를 전달하고, 막부 우두머리(쇼군)가 주는 답장을 받아오는 역할을 한, 두 나라 사이의 최고 외교 사절이었다.

조선 통신사 역사관 누리집의 '조선 통신사란?'에 게재되어 있는 내용도 이와 대동소이하다. 누리집은 '1607년부터 1811년까지의 약 200여 년간 조선 통신사는 일본을 12번에 걸쳐 방문하였다. 도쿠가와 바쿠후의 경사나 쇼군의 계승이 있을 때마다 방문하여, 조선 국왕의 국서를 전달하고 도쿠가와 쇼군의 답서를 받았다.'라고 기술함으로써 방문 기간(1607~1811), 방문 횟수(12), 방문 목적(국가 공식 문서 교환)에 대해 설명하고 있다.

---

[3] 《**부산·김해 임진왜란 유적**》은 임진왜란 당시 인명 표기를 처음은 '풍신수길豊臣秀吉(도요토미 히데요시)'로, 그 이후는 '풍신수길'로 표기한다. 우리나라 외래어 표기법은 '도요토미 히데요시'를 원칙으로 하지만, 임진왜란 당시 모든 조선인은 "도요토미 히데요시" 식 발음을 사용하지 않았다.

임진왜란 이전과 이후의 통신사는 그 규모가 크게 달랐다. 한국학중앙연구원의 《한국 민족문화 대백과》에 따르면, 1607년부터 1811년까지 열두 차례 일본에 간 통신사는 평균 464명으로 이루어진 대규모 사절단이었다.

12회 중에는 477명으로 구성된 때가 3회, 473명, 475명, 478명, 485명인 때가 각각 1회였다. 갈 때마다 인원이 비슷했다는 것은 통신사의 조직과 활동이 정례화 되어 있었음을 말해준다.

그에 반해, 1413년부터 1479년 사이의 여섯 차례 통신사는 평균 인원이 50~100명에 불과했던 것으로 추정된다. 인원수가 확인되지 않는 4회를 제외하면, 1443년과 1460년 2회의 사절단은 각각 50명과 100명 안팎이었던 것으로 파악된다.

조선통신사역사관 내부

그런가 하면, 《평화의 사절단 조선 통신사》와 조선 통신사 역사관 누리집은 조선 통신사의 활동 기간을 1607년부터 1811년까지로 소개하고 있는 점에서도 같은 인식을 보여준다. 누리집은 '임진왜란 전후의 15세기 통신사는 일본의 정세를 파악하기 위해 소규모로 파견했고, 17세기 조선 통신사는 일본의 정세 및 문화교류를 위해 400~500명 사이의 대규모로 파견을 했다.'라고 설명한다. 임진왜란 이전의 통신사와 이후의 통신사는 파견 목적과 규모가 다르다는 뜻이다.

하지만 '조선 통신사' 하면 누구나 임진왜란 직전인 1590년에 일본을 방문한 황윤길과 김성일을 대뜸 연상한다. 1590년의 통신사 사절단은 몇 명으로 구성되었는지조차 아직 규명되지 않은 상태이지만, 일본의 침략 가능성에 대해 서인인 정사 황윤길과 동인인 부사 김성일이 서로 정반대의 예측을 한 일로 말미암아 너무나 유명해져 있기 때문이다.

황윤길과 김성일 두 사람이 '일본 통신사日本通信使'로 임명되었다는 사실은 《선조실록》 1589년 11월 18일자에 기록되어 있다. '황윤길과 김성일을 일본 통신 상사 및 부사로, 허성을 서장관으로 뽑았다.'라는 문장이 그것이다.

그해 12월 3일자에는 '통신사' 황윤길이 일본 사신 현소玄蘇에게 '우리나라가 (파도와 해적 때문에) 귀국(일본)에 통신사를 보내지 못한 지 이미 오래'되었는데 이번에 '우리 전하께서 귀국 신왕新王(풍신수길)의 신의를 중하게 여기시고, 또 객사客使(현소)의 정성을 가상하게 여기어 특별히 통신사를 보내어 100년 동안 폐지되었던 일을 다시 실행하려 하시니, 이는 성대한 행사'라고 말한 내용도 실려 있다.

황윤길의 발언은 1590년보다 100년 전에도 조선과 일본 사이에 통신사가 오갔다는 사실을 증언해준다. 다른 역사서에는 어떻게 기록되어 있는지 살펴본다.

국사편찬위원회의 《신편 한국사》는 '(황윤길과 김성일의 파견은) 세종 25년(1443) 통신사 변효문, (부사 윤인보,) 서장관 신숙주를 파견한 이래 약 150년 만에 (통신사가 일본에 간) 처음 있는 일이었다.'라고 기술한다. 한국학중앙연구원의 《한국 민족문화 대백과》도 1460년(세조 6)에 정사 송처검과 부사 이종실이, 1479년(성종 10)에 정사 이형원과 부사 이계동이 통신사로 일본에 다녀왔다고 말한다. 어느 쪽이든 황윤길이 현소에게 '100년 동안 폐지되었던' 통신사가 1590년에 재개되었다고 한 말은 사실이다.

《선조실록》 1590년 3월 6일자는 '일본 통신사 황윤길, 부사 김성일, 서장관 허성이 출발했다.'라고 말한다. 드디어 황윤길 등이 '일본 통신사' 자격을 띠고 바다로 들어선 것이다.

통신사 일행 중 일꾼들과 아이들의 모습

그런데 《선조수정실록》 1590년 3월 1일자에는 '황윤길을 통신사通信使로, 김성일을 부사로, 허성을 종사관으로 삼아 일본에 사신을 보냈는데, 왜사倭使 평의지平義智 등과 함께 동시에 서울에서 출발했다.'라는 기사가 있다. 즉, 실록의 3월 6일은 적어도 도성을 떠난 날짜는 아니다.

그 1년 뒤인 1591년 3월 1일자 《선조수정실록》에는 황윤길이 귀국하여 일본의 침략 가능성 여부에 대해 보고했다는 기사가 실려 있다. 기사에 따르면 통신사 황윤길 등은 왜사 평조신平調信 등과 함께 일본에서 돌아왔고, 부산에 도착한 황윤길이 '반드시 전쟁이 일어날 것입니다!'라는 내용의 보고서부터 황급히 써서 임금에게 치계했다.

한양에 도착한 후에도 정사 황윤길은 치계한 것과 같은 의견을 선조에게 아뢴다. 그러자 부사 김성일이 황윤길에 맞서 '(왜적이 전쟁을 일으킬) 낌새는 발견하지 못했습니다. 황윤길이 장황하게 아뢰어 인심을 동요시키니 이는 옳지 못합니다.' 하고 반박한다. 이 부분은 지금도 독자를 혼란스럽게 한다. 함께 일본에 다녀온 통신사의 정사와 부사가 어떻게 이렇듯 정반대의 의견을 내놓을 수 있단 말인가.

실록을 기록한 사관도 기이한 느낌을 받았던 모양이다. 사관은 기사 본문 안에 '일본에 갔을 때 황윤길 등이 (풍신수길이 답서를 내놓지 않았는데도 억류될까 두려워 미리 바닷가까지 나와 있는 등) 체신을 잃는 행동을 한 데에 분개한 김성일이 말마다 이렇게 (황윤길의 의견과) 다르게 발언한 것'이라는 자신의 견해를 노출시키고 있다. 사관의 말이 사실이라면, 황윤길 등에 대한 평가와 일본의 침략 가능성에 대한 판단은 전혀 다른 사안이라는 점에서 김성일은 큰 잘못을 저질렀다고 하겠다.

사관은 또 '(서인인) 조헌趙憲이 "적은 반드시 쳐들어온다."라고 주장한 바 있어서 (지금도 서인인) 황윤길의 의견에 동조하면 "(동인이 집권하고 있는 조정을 흔들려는 의도에서) 인심을 어지럽게 하려는 서인의 속셈이 드러났다."라고 배척당했기 때문에 (일본이 쳐들어오리라고 생각하더라도) 감히 말을 꺼내지 못했다.'라는 자기 생각을 덧붙였다. 사관의 발언에 따르자면, 전쟁이 일어날 가능성이 높다고 했다가는 서인으로 몰려 불이익을 받을까 싶어 많은 조정 관리들이 동인 세력의 눈치를 보며 침묵하고 있었다.

사관은 어전 회의에 참석했던 류성룡이 김성일과 나눈 대화도 기록했다. 류성룡이 '황윤길과 일부러 다르게 말하는데, 만일 전쟁이 일어나면 어쩌려고 그러시오?' 하고 묻고, 김성일이 '왜적이 절대 쳐들어오지 않는다고 단정하는 것은 아니오. 다만 온 나라가 놀랄까 두려워했을 뿐이오.' 하고 대답하는 장면이다.

조헌 사당 충청북도 옥천군 안남면 도농리 931

   말투와 두 사람만 등장하는 것으로 볼 때 류성룡과 김성일은 회의 종료 후 둘이 따로 만난 듯 여겨진다. 그런데 대화 내용이 후대의 독자들을 답답하게 한다. 류성룡과 김성일이 주고받은 말은 두 사람이 남몰래 속삭일 수준의 것이 아니다. 두 사람의 대화는 임금과 조정 고관들이 치열한 토론 끝에 최상의 결론을 이끌어 내어야 마땅한 국가 과제이다. 그런 중요 국가 과제를 놓고 류성룡과 김성일은 사관 주변에서 둘이서 의견을 교환한다. 두 사람이 실제로 그렇게 했다면 사관은 고관들의 황당한 언행을 역사에 남기겠다는 의도에서 이 대목을 집필한 것이고, 사실이 아니라면 '수정' 실록의 진실성을 의심하게 한다.

《선조수정실록》은 1623년에 반정으로 집권한 서인들이 1643년(인조 21)부터 1657년(효종 8)까지 편찬한 책이다. 수정실록 편찬은 '인조반정으로 북인 세력이 물러가고 서인이 정권을 잡으면서 서인으로 지목된 이이·성혼·박순·정철, 남인 류성룡에 대하여 없는 사실을 꾸며 비방한 사실을 바로잡자는 데서 비롯되었다(《두산백과》).' 이 견해에 따르면, 실록 편찬을 주도한 이식 등은 류성룡에 대해 우호적으로 기술하려는 의욕이 지나친 탓에 회의 내용도 아닌 두 사람의 대화를 본문에 '부적절하게' 삽입한 것이 아닌가 여겨진다.

《선조수정실록》 1592년 4월 14일자에는 선조의 황당한 언행도 나온다. 선조는 김성일에게 '일본에 사신으로 갔다가 돌아와서 "적은 절대 침략해 오지 않는다."라고 주장하여 국사를 그르친 죄'를 묻는다. 선조는 전쟁이 터지자 '경상 우병사 김성일을 체포하여 국문하라고 명령'했다가 류성룡이 '김성일의 충절은 믿을 수 있다.'면서 말리자 금세 화를 풀고 '(김성일이) 미처 도착하기도 전에 석방시켜 본도(경상우도)의 초유사招諭使로 삼는다.' 전쟁 등 위급한 상황에 임금을 대신해서 경상우도 지역의 관군을 독려하고 의병을 일으키는 초유사의 중책을 김성일에게 맡긴 것이다.

선조의 가벼움도 가관이지만, 일본군의 침략에 대비하지 못한 것을 김성일 혼자의 책임으로 몰고 가는 논리가 더욱 큰 문제다. 전쟁 준비를 제대로 못한 책임은 당연히 결정권을 가진 임금과 조정 고관들이 져야 한다. 그 책임을 김성일에게 미루고, 의병장들에게 미루고, 일선의 장수들에게 미루고…… 책임을 아래에 미루는 '꼬리 자르기'의 전형이다.

선조 능의 무인석 경기도 구리시 동구릉

조선통신사역사관
동구 범일동 326-36

   조선통신사역사관은 통신사에 대한 모든 것을 말해준다. 1전시관은 전쟁 이후 일본과의 국교 회복 과정을 애니메이션을 통해 실감나게 설명해준다. 통신사 파견 절차, 통신사의 여정, 통신사 관련 주요 인물, 일본인들이 머물렀던 왜관에 대한 자세한 안내문과 그림들도 게시되어 있다. 영상실은 3D 입체 영상도 보여준다.
   2전시관은 조선 통신사 일행이 타고 갔던 판옥선의 모형을 보여준다. 일본까지 가는 동안 겪는 험난한 뱃길을 간접적으로 체험하게 해주는 영상과, 일본 도착 이후 성으로 들어가는 통신사 행렬을 재현한 영상도 보여준다. 통신사의 주요 행로를 알게 해주는 모형 지도도 있고, 말을 탄 채 엄청난 묘기를 뽐냈던 마상재馬上才에 대한 특별 전시 공간도 볼 수 있다.

통신사 파견이 결정되면 조선 조정은 정사, 부사, 서장관을 임명하고 300~500명으로 사절단을 편성했다. 통신사 일행은 한양에서 부산까지 가는 데에만 두 달이나 걸렸다.

사절단에게는 중도 곳곳에서 잔치를 베풀어 주었는데, 처음에는 충주, 안동, 경주, 부산 네 곳에서 펼쳐졌지만 후기에는 지역에 끼치는 경제적 부담 때문에 부산 한 곳에서만 실시되었다.

마상재 말을 타고 부리는 재주

통신사 일행은 일본으로 출발하는 당일 새벽 1시에서 2시 사이에 해신제海神祭를 지냈다. 해신제는 바다의 신에게 일본을 오가는 항해의 무사 안전을 비는 제사로, 영가대永嘉臺에서 진행되었다. 통신사 임무를 무사히 마치고 돌아왔을 때에도 사절단 일행과 동래 부사(현재의 부산시장)는 이곳 영가대에서 의식을 가졌다.

영가대는 1614년(광해군 6)에 처음 세워졌다. 부산진성 근처 해안이 얕고 좁아 새로 선착장을 만드는 호수 조성 공사가 벌어졌는데, 경상도 순찰사 권반權盼은 호수에 전함을 보관하여 임진왜란의 교훈을 되새기는 계기로 삼고자 했다. 그 과정에서 지금의 부산진시장 뒤쪽 범일초등학교 서쪽 경부선 철로변 자리에 언덕이 생기자 그곳에 정자를 건립했다.

1617년(광해군 9) 회답겸쇄환사 오윤겸이 영가대에서 처음으로 일본행 배를 출발시켰다. 그러나 정자에 영가대라는 이름을 붙인 사람은 권반도 오윤겸도 아니다.

영가루 바닷가 위치 가상도

　오윤겸은 일본으로 출발하기 직전 영가대에 올라 무사 귀환을 비는 해신제를 지냈고, 귀국했을 때에도 영가대에서 축하 행사를 열었다. 1624년(인조 2) 선위사 이민구가 일본 사신을 접대하기 위해 이 정자에 왔다가 권반의 고향 안동의 옛 이름이 영가인 데 착안, 정자에 영가대라는 이름을 붙였다. 일제 강점기 때 소실된 영가대를 현재 위치에 복원한 것은 2003년의 일이다.

　통신사는 부산부터는 대마 도주島主의 안내를 받아 바닷길로 대마도와 하관下關(시모노세키)을 통과, 대판大阪(오사카)의 정포淀浦(요도우라)까지 갔다. 대판에서 경도京都(교토)로 갈 때는 막부가 제공한 천어좌선川御座船(가와고자부네)을 타고 요도 강을 거슬러 항해했다. 이 배는 황금으로 장식된 최고 수준의 화려한 2층 선박이었다.

막부의 통신사에 대한 지극 정성은 그뿐이 아니었다. 통신사는 천황이 있는 경도에 갈 때 쇼군이 사용하는 전용 도로로 이동했다. 막부는 그 길에 '조선인 가도朝鮮人街道'라는 비석까지 세워 통신사의 권위를 더욱 돋보이게 했다. 풍신수길의 뒤를 이어 권력을 장악한 덕천가강은 막부의 권위를 높이기 위해 조선과의 국교 회복이 절실했고, 그래서 그 상징인 통신사의 왕래를 적극 지원했다.

조선 전기에는 막부 최고 권력자인 쇼군이 있는 경도가 통신사의 종착지였다. 조선 후기에는 쇼군이 동경東京(도쿄)에 있었으므로 목적지가 동경으로 바뀌었다.

통신사는 조선의 수도 한양에서 일본의 수도 강호江戶(도쿄)까지 왕복 3,000km를 대략 1년 동안 오가면서 무수한 일본 지식인들과 필담을 나누고 노래와 술잔을 주고받았다. 문화 선진국 조선에서 온 통신사 행렬은 일본 민중들로부터도 열광적 환영을 받았다.

그래도 일본에 통신사로 가는 것은 매우 힘들고 위험한 일이었다. 임무를 수행한 정사, 부사, 서장관, 수행 관료들과 일반 백성들에게는 승진과 상이 주어졌다.

일본 막부는 통신사 일행에 특정 직업인들이 포함되기를 바랐는데, 대표적으로 의원(의사), 영원(화가), 마상재인馬上才人 등이었다. 의원들과 도화서 소속 화원인 영원들을 통해 일본은 의술과 미술의 발전에 큰 도움을 얻었다. 1680년부터 파견이 정례화 된 마상재인은 말 위에서 재주를 부리는 무예 기능 보유자들이었다.

정공단 기념물 10호, 동구 좌천동 473

부산 **정공단**
임진왜란 최초 접전에서 순절한 의사들

    1592년(선조 25) 4월 13일 오후 6시 무렵, 부산 앞바다가 일본군 전선으로 가득 채워진다. 그보다 두 시간가량 전에 경상 우수사 원균은 조정에 '(오후 4시쯤) 90여 척의 왜선들이 부산포를 바라보며 잇달아 항해 중'이라고 보고했다.

원균은 다시 '왜선 150여 척이 해운대에서 부산포를 향해 다가오는 중'이라는 2차 장계를 보낸다. 일본 전함들이 절영도 앞에 정박한 뒤 경상 감사 김수도 조정에 보고서를 띄운다. 김수는 '왜선 4백여 척이 부산포의 건너편에 와서 정박 중'이라고 했다.

《선조수정실록》 4월 13일자 기사에 따르면 '경상 우병사 김성일도 "적선은 4백여 척에 불과하고賊艘不滿四百, 배 한 척에 수십 명만 태우고 있어서一艘不過載數十人 다 합쳐도計其大略 10,000여 명에 못 미친다約可萬人."라고 아뢰었다. 그러자 조정에서도 그렇게 여겼다朝廷亦以爲然.' 이 당시 부산포로 난입한 일본 군선은 700척이었지만, 조정에 보고된 적선은 90척, 150척, 400척으로 점점 늘어났을 뿐만 아니라, 정확한 숫자와도 거리가 멀었다.

일본군들은 해가 저문 후 뭍에 상륙하여 부산진성의 경계 상태를 살핀다. 종의지宗義智를 필두로 한 적의 척후병들은 조선군의 수비 상태가 견고한 것을 확인, 다음날 아침 일찍 날이 밝은 후 공격을 감행하기로 결정한다.

배 3척을 거느리고 절영도 주변을 순찰한 부산진 첨사 정발鄭撥은 급히 성으로 돌아온 후 동문루에 올라 명령을 내린다.

"장졸들은 물론이고 민병民兵들도 모두 자신의 위치를 사수한다. 배 3척을 모두 바닷속에 가라앉혀라. 적의 손에 넘겨줄 수는 없다. 악관樂官은 동문루 앞에서 통소를 불어라!"

까맣게 밀려온 적선들이 앞바다를 빽빽하게 매운 광경을 처음 보았을 때는 모두들 놀란 마음에 낯빛이 변했었다. 하지만 수령이 너무나 태연자약한데다 악음까지 밤하늘에 울려 퍼지자 사람들의 심리가 많이 진정되었다.

백성들은 정발이 지난 4월초에 자신의 노모 및 아들과 나눈 대화의 내용을 알 리 없었다. 부산진첨사로 발령을 받은 정발은 임지 출발을 앞두고 엎드려 노모에게 말씀드렸었다. 그는 이미 죽음을 예감하고 있었다.

"충과 효는 본래 함께할 수 없는 것입니다. 소자는 이제 왕가王家(국가)의 위급한 때를 맞아 전선戰線으로 가고자 합니다. 어머니께서는 자애自愛하시고, 조금도 염려하지 마십시오."

노모가 눈물을 흘리며 아들의 등을 어루만졌다.

"이미 나라에 바친 몸이거늘 어찌 사사로운 일에 매일 수 있겠느냐. 네가 충신이 된다면야 내게 무슨 한이 남겠는가."

정발은 늙으신 어머니를 아내에게 부탁하고 한양을 떠나왔는데, 곧 아들 흔昕이 부산까지 내려왔다. 겨우 열넷밖에 안 된 아들과 함께 하룻밤을 보낸 정발은 흔을 한양으로 돌아가게 했다.

정발 동상 초량동 1148

"나라의 일이 위급하니 너는 빨리 이곳을 떠나야 한다. 지체하다가는 돌아가는 길에 병화兵火(전쟁)를 면하지 못하리라."

흔이 아버지를 바라보며 말했다.

"혼자 돌아갈 수는 없습니다."

아버지가 아들의 손을 쓰다듬으면서 달래었다.

"어린 네가 이 아비와 함께 죽은들 나라에 무슨 보탬이 되겠느냐. 할머니와 어머니를 잘 모시는 것이 너의 할 일이다."

그래도 흔이 울면서 남기를 청하자 정발은 하인들을 꾸짖어 아들을 말 위에 강제로 끌어올렸다.

그로부터 불과 열하루 만에 임진왜란이 터졌고, 적들은 지금 성 바로 밖 바다에 머물러 있으면서 아침이면 몰려올 기세인 것이다. 14일 아침에는 검은 빛이 감도는 짙은 농무濃霧가 서렸다.

35

적병들은 짙은 안개에 섞여 뭍으로 올라왔고, 금세 성을 에워쌌다. 적병들은 서문 밖 지대가 높은 곳에 올라 성 안을 향해 조총을 쏘아댔다. 성벽을 오르는 자들을 위한 엄호 사격이었다.

정발은 검은 갑옷을 입고 진중을 지휘했다. 정발은 대궁大弓의 명수였다. 그가 화살을 날릴 때마다 적의 조총수나 성벽에 붙은 일본군이 꼬꾸라졌다. 정발은 성내를 두루 돌아다니면서 장졸들을 격려했다. 조선군과 민병들의 사기는 아주 높았다.

종3품 정발 첨절제사 휘하에서 종8품 부사맹으로 있던 이정헌李庭憲도 활을 쏘고 칼을 휘두르며 분전했다. 이정헌은 정발이 평소 손님을 접대하는 예절에 대해 자문을 구할 만큼 학식이 뛰어난 인재였다. 아군의 사기는 더욱 치솟았고, 적의 시체가 쌓이면서 세 곳에 조그마한 언덕이 생겨날 지경이 되었다.

충장공 정발 전망비
동구 좌천동 473 정공단 내

하지만 아군은 군민軍民(군인과 백성) 다 합해봐야 1,000여 명, 적군은 무려 1만8,000여 명이었다. 결국 북문을 뚫고 적군이 밀려들었다. 우리 측은 부녀자들까지 나서서 돌을 던지며 분전했지만 이내 수세에 몰렸다. 이미 정발도 만신창이가 되었다.

장수 한 사람이 정발에게 말했다.

"전세가 기울었습니다. 사또께서는 일단 자리를 피하시어 뒤를 도모해 주십시오. 성 밖으로 나가서서 원군을 도모하심이 좋을 듯합니다. 이 자리는 제가 감당을 하겠습니다."

정발이 눈을 부릅뜨고 대답했다.

"무슨 망령된 소리냐. 내가 수장首將(대장)인데 어찌 너에게 성을 맡기고 벗어날 수 있단 말이냐. 대장부는 적을 앞에 두고 사전死戰(죽음의 전투)이 있을 뿐이다. 두 번 다시 군심軍心(군인들의 마음)을 흐리는 말을 하면 목을 벨 터인즉 앞으로는 입에 담지 말라."

정발의 결의를 본 장졸들도 모두 죽기를 두려워하지 않고 싸웠다. 화살을 나르던 소녀가 쓰러지고, 그 딸을 대신하던 늙은 어미도 죽고, 부러진 창을 들고도 끝까지 적과 싸우던 군사도 전사했다. 이윽고 총알 하나가 투구를 뚫고 들어가 정발의 온몸을 피투성이로 만들었다. 이정헌이 정발을 부축하여 바위에 기대어 눕혔으나 그는 "싸워라……." 한 마디를 남기고 끝내 절명했다. 그의 나이 마흔이었다.

마지막 숨을 거둘 때까지 정발을 붙들고 간호하던 첩 애향愛香은 칼을 거꾸로 들고 스스로 목을 찔러 자진했다. 종 용월龍月은 단신으로 적진에 뛰어들어 칼을 맹렬히 휘두른 끝에 마침내 피를 토하며 숨졌다. 마지막으로 이정헌도 전사했다.

이정헌이 전사하면서 200년 동안 전쟁 없이 평화롭게 살아온 조선과, 100년 내내 통일 전쟁을 치른 뒤 다시 침략군이 되어 바다를 건너온 일본군과의 첫 전투는 그렇게 끝이 났다.

하지만 비극은 이어졌다.

아들 정발의 전사 소식을 들은 노모는 그날 이후 줄곧 통곡을 하다가 세상을 떠나고 말았다. 마음의 충격이 몸을 무너뜨린 것이었다.

1만8,000여 일본군은 1,000여 조선군을 대상으로 한 부산진성 전투에 몸서리를 쳤다. 그들은 전투가 끝나자 지독하게 보복 학살을 했다. 일본군은 군신軍神에게 혈제血祭를 지낸다면서 개와 고양이까지 모두 참살했다. 따라서 이 전투의 경과는 조선인들에 의해 전파될 수가 없었고, 오히려 일본인들의 입을 통해 알려졌다. 그 탓에, 이정헌은 부산진성 전투가 있은 지 150여 년이나 지난 1742년(영조 18)에 이르러서야 장렬한 전사 소식이 세상에 전해졌다.

충장공 정발 전망비

정발, 이정헌, 애향, 용월은 물론 이름을 남기지 못한 채 부산진성 전투에서 숨져간 수많은 백성들을 기리는 제향 공간이 없을 리 없다. 부산광역시 동구 좌천동 473에 있는 정공단鄭公壇이 바로 그곳이다.

정공단의 '정공'은 그곳에서 제사가 지내지는 모든 분들을 대표할 수 있는 정발을 가리키고, '단'은 단소壇所를 말한다. 단소는 산소山所는 아니다. 단소는 제사를 지내기 위해 돌이나 흙을 쌓아올린 공간일 뿐 묘소는 아니다. 단소에는 묘소 대신 빗돌 등 기념할 만한 상징물들을 설치해 두는 것이 일반적이다.

정공단에는 계단 왼쪽 아래에서부터 「충복忠僕 용월 비」와 「전망戰亡 제공諸公 비」가 있고, 제단 가운데에 「증 좌승지 이공 정헌 비」와 「충장공 정발 장군 비」가 좌우로 나란히 있으며, 계단 오른쪽에 「열녀 애향 비」가 세워져 있다. 정발과 이정헌 두 분만이 아니라 첩 애향과 종 용월까지 모시고 있는 점이 너무나 인간적이다. 특히 1592년 4월 14일 부산진성 전戰투에서 사망亡한 많은諸 분公들을 기리는 비까지 세워졌으니 그날 죽음을 맞이했던 군졸과 무명의 백성들께서도 조금은 위안이 되시리라.

　정공단 외삼문을 들어서면 왼쪽에 관리사가 있고, 관리사 오른쪽에는 '참배'라는 제목의 안내판이 있다. 안내판에는 '복장은 단정하게, 자세는 정중하게, 마음은 경건하게'라고 쓰여 있다.

　관리사에는 '사단법인 정공단 보존회', '부산진 향우회', '동구 정씨 종친회' 세 현판이 주련처럼 붙어 있다. 외삼문 오른쪽에는 비각 한 채가 커다랗게 두드러지고, 비각과 내삼문 사이 담장을 따라가며 세워져 있는 10여 기의 선정비들이 이채롭다. 비각 안에는 「충장공 정발 전망戰亡(전쟁에서 죽음) 비」가 서 있다. 이 비는 1761년(영조 37)에 경상좌도 수군 절제사 박재하朴載河가 세웠다.

　충장공 정발 전망비와 정공단이 설치되어 있는 곳은 임진왜란 당시 부산진성의 남문이 있던 지점이다. 1766년(영조 42)에는 부산첨사 이광국李光國이 임진란 당시 부산진성 전몰 선조들을 추모하고 기억하기 위해 제단(정공단)을 설치했다. 이때 비석들도 세웠다. 이름은 각각 「충장 정공발 전망 유지遺址」, 「증 좌승지 이공 정헌지비」, 「전망 제인諸人 비」, 「열녀 애향비」, 「충노忠奴 용월 비」였는데, 2009년 5월 들어 새로 비석들을 만들어 정공단을 깔끔하게 정비했다.

　박재하는 「충장공 정발 전망비」에 글을 남겼다. 황간黃幹의 글씨로 새겨진 박재하의 글은 마치 애절한 서사시와도 같아서 읽는 이의 눈시울을 적시게 한다.

山嶽之崒 不足爲高
산악이 우뚝 솟은 것 높다 할 것 없고
日月之光 不足爲昭
해와 달이 빛나는 것도 밝다 할 것 없네
惟公之節 撑柱宇宙
오직 공의 절개만이 세상의 기둥이 되니
孤城一片 綱常萬古
고립된 성의 일편단심 만고의 모범일세
僕妾之烈 竝崒一室
노복과 첩의 충직함도 한 집안에 우뚝하고
矧又賓幕 凜乎南八
막료인 이공도 당나라 남팔南八처럼 늠름했으니
短碑難摸 溟海不竭
짧은 비석에 적기 어려워도 깊은 바다처럼 다하지 않으리

송시열은 《선조실록》의 내용과 전혀 다른 증언을 하는데?

《선조실록》 4월 13일자에는 '왜구가 침범해 왔다. (중략) 적선이 바다를 덮어올 때 부산진 첨사 정발은 마침 절영도에서 사냥을 하고 있었는데, (쌀을 실어가기 위해 해마다 오는) 세견선이라 여기고 대비하지 않다가 미처 진鎭에 돌아오기도 전에 적이 이미 성에 올랐다. 발은 난병亂兵 중에 전사했다.'라고 기록되어 있다.

정발이 사냥을 즐기며 놀던 중 '바다를 덮은 적선'을 보고도 조공선이라 여겨 아무 대비도 하지 않았고, 성이 함락된 뒤에야 성으로 돌아왔으며, 난장판의 외중에 전사했다는 내용이다. 적선이 바다를 뒤덮은 채 밀려오는데도 세견선으로 여겼다?

영도에서 부산진까지 오기도 전에 성이 이미 함락되었다? 두 문장 모두 상식적으로 보아 신뢰할 만한 기록으로 인정하기 어렵다. 논리적으로 이치에 맞지 않기 때문이다.

그래서일까, 《선조수정실록》은 다르다. 수정실록 4월 13일자는 '14일 왜적이 크게 군사를 일으켜 침략해 와 (중략) 부산 첨사 정발은 절영도에 사냥하러 갔다가 급히 돌아와 성에 들어갔는데 전선은 구멍을 뚫어 가라앉히게 하고 군사와 백성들을 모두 거느리고 성가퀴를 지켰다,

이튿날 새벽, 적이 성을 백 겹으로 에워싸고 서쪽 성 밖 높은 곳에 올라가 포를 비 오듯 쏘아댔다, 정발이 서문을 지키면서 한참 동안 대항하여 싸웠는데 적의 무리가 화살에 맞아 죽은 자가 매우 많았다, 그러나 정발이 화살이 다 떨어져 적의 탄환에 맞아 전사하자 성이 마침내 함락되었다.'라고 말한다.

정발이 영도에 사냥을 갔고, 대비를 전혀 하지 않았다는 식의 기록은 박동량朴東亮의 《부태 소록》에 전하는 내용이다. 정발은 '전날 절영도에 수렵을 나갔다가 숙취宿醉(크게 취함) 미성未醒(술이 덜 깸)한 채 바다를 덮고 밀려드는 적선들을 바라보며 "세견선이 오래도록 오지 않더니 이제 비로소 오는구나." 하고 뇌까렸다.'

박동량의 표현에 대해 《임진전란사》의 저자 이경석은 '순국지장殉國之將(나라를 위해 죽은 장군)을 욕되게 하는 바가 크다.'면서 '무장을 예우하는 도리가 아니다.'라고 평가했다. 이경석은 송시열의 증언에 근거하여 박동량의 기록, 즉 실록의 '세견선 오인' 기록을 '취하지 않는다.' 라고 역사가로서의 견해를 밝혔다.

송시열宋時烈(1607~1689)의 증언은 박동량 및 실록과 전혀 다르다. 이 글의 앞에서 소개한 쓴 정발과 노모의 대화, 정발과 아들의 이별, 노모의 원통한 절명, 애향과 용월의 죽음, 정발과 이정헌의 분투 등도 송시열의 《우암집》과 그가 쓴 '정발 묘갈명墓碣銘(묘비에 새긴 글)'을 인용한 것이다.

송시열은 왜장 평조신平調信이 통신사 황신黃愼 공에게 정발의 충효忠孝에 대해 자주 언급한 사실도 '정발 묘갈명'에 인용해 놓았다. 송시열의 묘갈명 일부를 읽어보자.

송시열에 따르면 평조신은 '그때 우리 군대가 부산에서 크게 패하였다.'면서 '공(정발)의 첩 애향이 함께 자결한 일을 얘기하면서 입이 마르도록 칭찬했다.' 송시열은 '공은 나라 사람들만 칭송할 뿐 아니라 못된 왜적들까지 칭송하였고, 못된 왜적들이 공만 칭송하는 것이 아니라 또한 공의 첩까지 칭송을 하였으니, 공이야말로 평소에 배운 바를 저버리지 않았다고 할 만하다.'라고 찬양했다. 송시열은 언행일치를 최고의 덕목으로 삼은 조선 시대 성리학의 표상으로 정발을 극찬하고 있는 것이다.

송시열은 '부산진 첨사 정발은 임진년(1592) 왜변倭變(임진왜란)을 당하여 성을 지키며 왜적들을 죽이다가 힘이 다하여 목숨을 바침으로써 대절大節을 세웠다.'라고 평가했다. 따라서 송시열은 정발 묘갈명의 마지막 문장을 '내가 명銘(비문)을 짓지 않으면 누가 파묻힌 일을 드러내어 알리겠는가?'로 장식했다.

나 역시 오늘 정공단을 소개하는 이 글을 써서 실록의 잘못된 정발 언급을 바로잡고, 공의 한 치도 어긋남이 없는 언행일치 정신을 세상에 널리 전파하려 한다. 따라서 이 글의 마지막 문장 역시 '내가 이 글을 쓰지 않으면 누가 정발, 이정헌, 애향, 용월, 그리고 1592년 4월 14일 부산진성에서 전사한 1,000여 선조들의 뜨거운 마음을 세상에 드러내어 알리겠는가!'가 적당할 것이다.

이직당 송시열을 제향하는 남간사의 강당, 대전시 동구 충정로 53

부산 **송공단**
"죽기는 쉬워도 길을 빌려주기는 어렵다"

    부산광역시 부산진구 전포동 575의 광활한 삼거리 일대에는 '송상현 광장'이라는 이름이 붙어 있다. 이곳에는 1978년에 건립된 「충렬공 송상현 선생 상」이 위풍당당한 모습으로 서 있다.

    오늘날 '부산 정신'으로 표상되는 '戰死易전사이(싸워서 죽기는 쉬워도) 假道難가도난(길을 빌려주기는 어렵다)'이라는 명언을 남긴 송상현은 임진왜란 발발 당시 동래 부사로, 1592년 4월 15일 동래읍성에서 왜적과 맞서 싸우던 중 중과부적으로 전사했다.

>   임진왜란을 일으킨 왜군은 1592년 4월 14일 부산진성을 함락 후 동래 읍성으로 진군하였고, 성을 공격하기에 앞서 취병장吹兵場(현 동래경찰서)에 군사들을 집결시킨 후 100여 명을 동래 읍성 남문으로 보내어 '戰則戰矣전즉전의(싸우려면 싸우고) 不戰則假道부전즉가도(싸우지 않으려면 길을 빌려 달라)'라는 글을 쓴 목패를 남문 밖에 세워두고 돌아갔다. 이에 동래 부사 송상현은 '戰死易 假道難'이라고 쓴 목패를 적진에 던져 결사항전을 표명하였다.

4월 15일 왜군은 동래 읍성을 포위하고 전투를 시작하였고, 동래 부사 송상현은 군사를 이끌고 항전했으나 중과부적으로 성이 함락되자 갑옷 위에 조복朝服(관원이 조정에 갈 때 입는 예복)을 받쳐 입고 장렬히 전사했다. 왜군은 송상현 부사의 충렬을 기려 동문 밖에 장사를 지내주었다고 한다.

　위의 글은 '송상현 광장' 누리집에 실려 있는 '공원(송상현 광장)의 역사적 의미' 부분이다. 역사적 인물을 기려 동상이 건립되는 일은 흔하지만, 그의 이름을 따서 대도시 한복판 대도로 삼거리에 공원이 조성되고, 또 별도의 누리집까지 운영되는 것은 보기 드문 경우이다. 이는 그만큼 부산 사람들이 송상현이라는 인물에 대해 향토적 자부심을 가지고 있다는 뜻이다.

　동상의 이름 역시 그런 해석이 가능하다. 동상 동판에는 '충렬공 송상현 선생 상' 아홉 글자가 새겨져 있다. 복장도 선비 차림이다. 대구 망우당 공원에 세워져 있는 「紅衣將軍홍의장군 郭再祐곽재우 先生선생 像상」이 명칭은 선생이되 형상은 장수의 면모이고, 대구 월곡 역사 공원에 건립되어 있는 '월곡 우배선 장군 상'이 옷은 선비 복장이되 칭호는 장군인 데 반해, '충렬공 송상현 선생 상'은 명칭도 복장도 곧이곧대로 선비를 표상하고 있다.

　이때 '선생'은 두 가지 의미를 지닌다. 첫째, 송상현은 실제로 선비이다. 그는 26세 되던 1575년(선조 8) 문과에 급제한 문관일 뿐 장군이 아니다. 하지만 단순히 그가 선비라는 사실을 나타내기 위해 동상 동판에 '선생' 두 글자를 넣었다고 볼 수는 없다.

　선생은 본래 공자 등 불세출의 현인들에게 쓰인 호칭이다. 한국학중앙연구원의 《한국민족문화대백과》는 '도를 깨달은 자, 성현의 도를 전하고 의혹을 풀어주는 자, 국왕이 자문할 만큼 학식을 가진 자 등을 선생으로 존칭했다.'라고 설명한다.

송공단 기념물 11호
동래구 복천동 229-78

송상현 동상
부산진구 전포동 575

한국학중앙연구원은 '국가 체제가 갖추어지면서 교육의 기능이 강화되자, 선생이 남을 가르치는 사람을 지칭하는 어휘로 의미 변화를 일으켰다.'면서 '통일 신라 시대까지의 사실을 전하는 각종 기록에서 선생으로 불린 인물로는 강수強首 선생과 백결百結 선생이 있다.'라고 풀이한다. 그렇듯 선생은 드물다는 것이다. 그런 선생을, 부산 사람들은 송상현 동래 부사를 부를 때 사용하고 있다.

1592년 4월 14일자 《선조실록》은 임진왜란 발발 첫날의 기사를 '왜구가 침범해 왔다'로 시작한다. 실록은 이어 '일본 적추賊酋 평수길平秀吉(풍신수길)이 관백關白(천황을 대신하는 실권자)이 되어 여러 나라를 병합하고 잔악함이 날로 심했다. 그는 항상 중국이 조공을 허락하지 않은 것에 대해 앙심을 품고 일찍이 중 현소 등을 파견하여 "요동을 침범하려 하니 길을 빌려 달라." 하고 청했다. 우리나라에서 대의大義로 매우 준엄하게 거절하자 적은 드디어 온 나라의 군사를 총동원하여 (중략) 대대적으로 침입해왔다.'라고 덧붙인다.

물론 기사에는 동래 부사 송상현보다 부산진 첨사 정발에 관한 내용이 먼저 다뤄진다. 부산진성 전투가 4월 14일에 벌어졌고, 동래읍성 전투는 그 다음날인 4월 15일에 치러졌기 때문이다. 실록은 '적선이 바다를 덮어오니 부산진 첨사 정발은 절영도絶影島(영도)에서 사냥을 하다가, 조공하러 오는 왜라 여기고 대비하지 않았는데 미처 진鎭에 돌아오기도 전에 적이 이미 성에 올랐다. 발은 난병亂兵(어지러운 전투) 중에 전사했다'라고 전한다.

15일 전투에 관한 기사는 지나치게 간략해서 '이튿날 동래부가 함락되고 부사 송상현이 죽었으며, 그의 첩도 죽었다.'가 전문이다. 실록은 '적은 드디어 두 갈래로 나누어 진격하여 김해, 밀양 등 부府를 함락하였는데 병사 이각은 군사를 거느리고 먼저 달아났다, 200년 동안 전쟁을 모르고 지낸 백성들이라 각 군현郡縣들이 풍문만 듣고도 놀라 무너졌다.'로 이어진다.

실록의 기사만으로는 동래읍성 전투의 내막을 제대로 가늠하기가 어렵다. 조선 개국 이후 숙종 대까지의 중요 인물 2,065명에 관한 대표적 기록문을 1인당 1종씩 모아 정조 때 간행한 《국조 인물고國朝人物考》의 '송상현 비명碑銘'을 참고한다. 송시열이 쓴 송상현 비명을 현대문으로 대략 바꿔가면서 발췌독으로 읽는다.

> 왜추倭酋 수길이 (중략) '명나라를 범하리라.' 하였다. (송상현이 부사로 부임하게 된) 동래는 적과 처음 충돌할 곳이어서 사람들이 사지死地로 여겼다. (중략) 임진년(1592) 4월 적장 평의지 등이 대거 쳐들어와 14일 부산(부산진성)을 함락하고 15일 부성府城(동래 읍성)을 공격해 왔다. 처음에 병사兵使(경상 좌병사) 이각李珏이 변變(전쟁 발발)을 듣고 (동래 읍성에) 와서 (공과) 만났는데, 적의 기세가 매우 대단한 것을 보고는 도주하려 했다. 공이 바른 말로 꾸짖으며 죽음으로써 성을 지키자고 요청했지만 이각은 끝내 달아나버렸다.
>
> 공은 많은 사람들 앞에서 기백을 떨치며 맹세를 하고, 성을 돌면서 방어 준비에 돌입했다. 탄환과 화살이 서로 쏟아지면서 산이 무너지는 듯했다. 공은 편안한 낯빛으로 조복朝服4)을 가져와 갑옷 위에 차려 입고 누각에 오르더니 두 손을 모아 단정하게 앉았다. 적들이 밀어닥쳤다.
>
> 적장 중에는 평조익平調益이란 자가 있었다. 일본 사신단의 일원으로서 동래부에 드나들었던 평조익은 예전부터 마음으로 송상현을 존경해 왔다. 성 안으로 들어온 그는 송상현에게 눈짓을 보내어 피신할 것을 권유했다.

---

4) 이주영 「일본인의 눈에 비친 조복」: 조복은 조선 시대 문·무관이 입었던 최고의 예복이다. (중략, 일본 화가들이 그린 통신사의 조복 그림에는) 세부적인 표현에 있어 몇 가지 오류가 보인다. (중략, 이는) 삼사만 조복을 입었고, 조복을 입는 상황 또한 제한적이어서 일본 화가들이 조복을 상세하게 관찰할 기회가 적었기 때문으로 이해된다.

하지만 송상현은 죽음이 촌각을 다투는데도 꼼짝도 하지 않았다. 결국 평조익은 다른 일본군들이 지켜보는 와중에도 송상현을 잡아당겨 성 아래 빈터로 이끌려 했다. 송상현은 평조익의 팔을 뿌리쳤다. 송상현은 북쪽으로 엎드려 대궐을 바라보며 큰 절을 올렸다. 절을 마친 송상현은 부채를 꺼내어 그 위에 부친께 올리는 편지를 썼다.

孤城月暈
외로운 성은 달무리처럼 포위되었지만
列鎭高枕
이웃 진들의 지원 기척은 없습니다
君臣義重
임금과 신하의 의리가 무거우니
父子恩輕
아버지의 은혜는 가벼이 하오리다

혈선도血扇圖 조선 후기 작품, 충북 유형문화재 223호, 청주 천곡 기념관

부채에 글을 다 쓴 송상현이 주위를 둘러보며 '혹 오늘 죽지 않고 살아남는 사람이 있거든 이 부채를 아버지께 전해 다오. 그리고 내 주검을 거두어 묻어주기 바라노라. 나는 배꼽 밑에 검은 점이 있으니 목이 없어도 찾을 수 있다.' 하였다. 장졸들과 노비들이 눈물을 쏟으며 공 앞에 엎드렸다.

그 순간, 적군의 날카로운 칼이 공의 머리를 내쳤다. 불과 42세, 그는 목이 잘리고, 가슴에 칼이 박히고, 다리에 창날이 찍힌 채 세상을 떠나갔다. 곁에 머물러 있다가 사로잡힌 공의 첩 금섬金蟾은 사흘 동안 내내 적들을 통렬히 꾸짖던 끝에 결국 살해되었다.

칼을 곧추세우고 적진 속으로 뛰어들었던 양산 군수 조영규趙英圭(1535~1592)도 순절했다. 조영규는 왜적이 쳐들어왔다는 소식을 듣자 그 길로 곧장 동래부로 달려왔었다.

동래 읍성 성문과 성곽

조영규가 숨을 몰아쉬면서 말했다.

"양산이 작은 고을이라 무기도 제대로 없고 병사도 몇 안 되니 부사와 함께 동래에서 힘을 모아 왜적을 물리치는 것이 낫겠다 싶어 한걸음에 왔소."

송상현은 그의 두 손을 꼭 부여잡았다.

"고맙소. 이곳에서 막아야 적들이 북으로 올라가지 못할 것이외다. 동래가 적의 수중에 떨어지면 양산, 김해, 밀양 등이 함락되는 것은 너무나 분명하지 않겠소?"

왜적들이 성 안으로 밀려왔다. 두 사람은 북쪽을 바라보며 나란히 절을 올렸다. 조영규가 임금께 하직 인사를 올렸다.

"신은 살아서는 적을 물리치지 못하오나 죽은 뒤에라도 마땅히 이 성을 지키는 귀신이 되어 적들을 참살하겠나이다."

송상현, 조영규, 금섬 외에도 이날 동래성에서는 비장 송봉수宋鳳壽와 김희수金希壽, 향리 송백宋伯, 백성 김상金祥 등 무수한 사람들이 적과 싸우다 죽었다. 이촌녀二村女(두 사람의 시골 여인)도 김상을 도와 지붕 위 기왓장을 떼어 아군에 전해주다가 마침내 적의 칼에 맞아 목숨을 잃었다.

겸인 신여로申汝櫓는 노모를 모시고 산다는 이유로 송상현이 성밖으로 피신하라 했지만 공이 순절했다는 소식을 듣고 다시 돌아와 왜적에 대항하다가 목숨을 잃었다.

동래 교수 노개방盧蓋邦(1563~1592) 등은 향교에서 적과 대전하다가 순절했다. 1588년 문과 급제를 거쳐 동래교수로 부임했던 노개방은 왜적이 쳐들어온 날 어머니를 뵈러 밀양에 가 있었다. 그는 전쟁이 일어났다는 소식을 듣고는 급히 향교로 돌아왔는데 이미 적들이 물밀듯 쳐들어와 있었다. 부사 송상현과 마찬가지로 그 역시 칼을 쓸 줄 모르는 문관이었지만 조금도 망설이지 않고 적들을 향해 분연히 대항했다. 노개방이 장렬히 전사하고, 스승의 뒤를 따르던 문덕겸文德謙과 양조한梁潮漢 등 학생들도 모두 죽었다.

동래향교 교수 노개방과 문덕겸, 양조한 등 학생들의 순절 장소

> 모든 광경을 지켜본 평의지 등 적장들이 탄식하면서 대장 소서행장小西行長(고니시 유키나가)에게 경과를 보고했다. 소서행장은 송상현에게 죽음의 위해를 가한 군사를 오히려 끌어내어 참수했다. 그 후 송상현을 실은 상여가 지나갈 때에는 소서행장 이하 왜장들이 모두 말에서 내려 예의를 표시했다.

전쟁 초기의 적장들조차 이 정도였으니, 오늘날의 부산 시민들이 송상현을 '선생'이라 높여 부르는 데에는 조금의 잘못도, 과장도 없으리라.

요여5)

---

5) 1595년 청주로 묘소를 옮길 때 요여가 천곡 기념관에 전시되어 있다.

부산진성 전투와 동래 읍성 전투에서 조선의 장졸과 백성들이 얼마나 처절하게 죽어갔는지는 송상현과 정발 등이 장렬하게 전사한 지 일곱 달도 더 지난 1592년 11월 25일자 《선조실록》의 기록이 극명히 증언해준다. 선조가 묻는다.

"정발과 송상현은 과연 죽었는가?"

김수가 대답한다.

"누군가는 정발과 송상현이 죽지 않았다고 하지만 죽은 게 틀림없습니다. 잘못 전해진 말 가운데 심지어는 송상현이 적장賊將이 되었다고 하지만 절대 그렇지 않습니다. 포위를 당했을 때 홍윤관洪允寬이 성 밖으로 나가기를 권했으나 상현은 말하기를 '지금 성을 빠져 나가더라도 어디로 간단 말이냐?' 하고는 남문南門 위에 팔짱을 끼고 앉아 있으니 적이 들어와 죽이고, 바로 그의 목을 대마도로 보냈다고 합니다."

1592년 8월 7일자 《선조실록》에도 이와 비슷한 기록이 나온다. 이날 선조는 신하들에게 '정발은 죽었는가?' 하고 묻는다. 선조에게는 '적이 종일 목을 매어 두었다가 저녁에 죽였다고 합니다.'라는 답변이 돌아온다. 물론 이 두 기사는 당시 조선 조정의 정보 파악력이 그만큼 아둔했다는 사실을 말해준다.

하지만 그보다는 임진왜란 초기에 우리 선조들이 너무나 처절하게 패했기 때문에 부사와 첨사조차도 죽었는지 살았는지 임금이 알지 못했고, 심지어는 송상현이 왜장으로 활약하고 있다는 지독하게 잘못된 소문이 전쟁 발발 일곱 달 뒤까지도 흘러다니고 있었다는 사실을 증언해주는 기록으로 보아야 옳을 것이다.

송상현과 정발이 전사하고 1년여 지난 뒤의 기록은 그제야 송상현과 정발의 생사에 대한 인지가 어느 정도 이루어졌다는 사실을 말해준다. 송상현과 정발이 순국하고 13개월 이상 지난 1593년 5월 27일자 《선조실록》에 나오는 명나라 사신 경략과 선조의 대화가 바로 그 증거이다. 경략이 선조에게 묻는다.

"귀국(조선)이 부산을 분할하여 왜적에게 내어주고 또 계패界牌(국경 표지)까지 세웠다고 하는데 사실입니까?"

선조가 대답한다.

"부산은 동래와 연결된 땅인데 우리나라가 어찌 원수 왜적에게 떼어줄 리 있겠소? 우리나라는 강토를 선조 때부터 중국에서 받았는데 어찌 사사로이 마음대로 떼어 주겠습니까? 땅을 떼어 적에게 주면 마침내는 나라를 보존할 수가 없으니 우리가 비록 어리석다 해도 어찌 그런 것조차 알지 못하겠습니까?"

선조가 심희수에게 '경략의 의심이 아직도 풀어지지 않은 듯하니 상세하게 변명하지 않으면 안 될 것이다.' 하고 지시한 후, 이어서 경략에게 덧붙여 말한다.

"우리나라가 정말로 부산을 떼어서 왜적에게 주었다면 본진(부산진)의 첨사 정발과 동래 부사 송상현 등이 어찌 왜적에게 전사했겠습니까? 작년의 자주咨奏(상소문 등 임금과 신하가 묻고 답한 기록)를 살펴보면 명백하여 의심이 없을 것입니다. 더구나 우리나라와 일본은 큰 바다로 떨어져 있는데 저들이 어떻게 바다를 건너와서 거주할 수 있겠습니까? 그럴 수는 절대로 없습니다."

하지만 이 기록이 송상현 등의 비장한 전사 과정을 임금을 비롯한 조정이 알고 있었다는 완전한 증거가 되지는 못한다. 그로부터 다시 다섯 달 뒤인 1593년 10월 29일, 비변사는 '동래 부사 송상현과 회양 부사 김연광金鍊光6)은 모두 순국하여 절의가 칭송할 만

---

6) **김연광** : 김해 김씨로, 자는 언정彦精, 호는 송암松巖이다. 1555년(명종 10)에 급제하였고, 임진왜란이 일어난 1592년 회양 부사로 부임했다. 적들이 강원도로 침범하자 관리와 군사들이 모두 도망쳤는데, 그는 혼자 성문 앞에 조복을 입고 똑바로 앉아 있었다. 적들이 위협하면서 손가락을 먼저 칼로 찍었는데 그는 조금도 두려워하지 않고 의연히 왜적들을 꾸짖었다. 그는 마침내 적들에게 죽임을 당했다. 개성 숭절사崇節祠에 제향되었다. 문장에 능하고 박학했으며 강직 청렴한 선비로 널리 알려졌다. 저서에 《송암 유고》가 있다.

한데도 장계狀啓(보고서)에 드러나지 않았기 때문에 지금까지 포장褒獎(상)을 받지 못하고 있어 인정人情(사람들의 마음)이 매우 답답해합니다. 급히 실적을 조사하여 포장하고 증직贈職(벼슬을 높여줌)하여 충혼을 위로하게 하소서.' 하고 선조에게 건의한다.

　이때 선조는 '송상현과 김연광의 일에 대해서는 내가 자세히 모르니 다시 살펴서 조처하라.' 하고 답변한다. 전사한 지 18개월 보름이 지났는데도 조정은 여전히 송상현의 죽음에 대해 '자세히' 알지 못하는 지경이다. 그만큼 1592년 4월 15일 우리 선조들의 동래성 죽음은 너무나 처참했다.

동래읍성역사관 동래 읍성 북문 앞

부산에는 동장대, 서장대, 북장대와 성곽의 본래 모습을 추정해 볼 수 있는 동래읍성 터(기념물 5호)가 남아 있다. 산 능선을 따라 이어지는 182m 가량의 성곽과 장대將臺(장수의 지휘 장소)들은 1980년에 복원되었는데, 특히 옹성甕城이 볼 만하다.

 옹성은 적군들이 성문 바로 앞까지 공격해 왔을 때 앞뒤에서 공격할 수 있도록 설치된 장독甕 모양의 둥글고 높은 성城벽이다. 적군이 성문을 향해 서서 공격하면 그의 등 뒤에 또 성벽이 있다. 성문 누각과 등 뒤 옹성 위에 앞뒤로 배치되어 있는 아군의 화살 공격을 어찌 피할 것인가.

 이제 성곽 위를 거닐어 보고, 북문 아래 동래읍성역사관을 둘러보면 동래 읍성 답사도 막을 내린다. 송공단으로 갈 차례이다.

동래 읍성 북문 옹성의 모습이 잘 확인된다.

동래 읍성 전투 때 전사한 선열들을 기려 세워진 송공단宋公壇(기념물 11호)은 동래 읍성 역사관 근처인 동래시장길 27에 있다. 송공단은 1742년(영조 18)에 동래 부사 김석일金錫一이 세웠다.

　송공단의 본래 이름은 전망 제단戰亡祭壇이었다. 위치도 현재 자리가 아니었다. 1608년 동래 부사 이안눌李安訥이 동래 전戰투 때 사망亡한 선열들을 제祭사 지내는 높은 터壇라는 뜻의 전망 제단을 동래 읍성 남문 밖에 처음 세웠다. 그로부터 134년 지난 1742년에 이르러 김석일이 초췌해진 전망 제단을 새로 키우면서 송상현이 순절한 정원루靖遠樓 터에 재건했다.

　문화재청 누리집도 송공단이 '본래 임진왜란 때 동래 부사 송상현이 순절한 정원루 터에 설치' 되었으며 '송상현을 비롯하여 동래성을 지키다 순절한 분들을 모셨다.'라고 해설한다. 송공단 외삼문 왼쪽에 세워져 있는 현지 안내판에도 동일한 문장이 쓰여 있다. 문화재청 누리집의 내용과 현지 안내판은 전문이 동일하다.

　두 해설에는 '이 단이 세워지기 전에는 동래 읍성의 남문 밖 농주산弄珠山(동래경찰서 자리)에 임진왜란 때 순절한 분들의 전망 제단을 세워 동래 부사 송상현과 양산 군수 조영규, 동래 교수 노개방을 비롯하여 동래성에서 순절한 분들을 모셨다. 1742년 송공단이 세워지자 그 곳으로 옮겼다.'라고 안내되어 있다.

　외삼문으로 들어서면 다시 내삼문이 나타난다. 모두 15기의 비석으로 이루어진 제단은 내삼문 안에 있다. 그리고 제단의 동쪽 뒤편 구석에 조그마한 비석이 하나 더 있다. 이들 16기 중 송상현 선생을 기리는 「충렬공 송상현 순절비」가 가운데에 있으면서 규모도 가장 큰 것은 말할 것도 없다. 그가 정3품의 고위 관직인 동래 부사를 역임해서이기도 하지만, 1592년 4월 15일 전투의 주장主將으로서 장렬하게 순절한 '부산 정신'의 표상이기 때문이다.

　비석의 글들은 모두 한자로 되어 있지만 이 글에서는 독자의 편의를 위해 한글 발음을 붙여 소개하려 한다.

송공단 제단 전경, 가운데 가장 큰 비석은 송상현, 오른쪽 담장 아래 작은 비석은 두 명의 종을 기리는 비석이다.

종4품 양산 군수 조영규와 종6품 노개방의 비석은 송상현 순절비 동쪽에 세워져 있다. 송상현 순절비보다는 작지만 여타 다른 비석들보다는 조금 더 크고 높다.

송상현 순절비 서쪽에는 8기의 비석들이 도열해 있다. 김희수, 송봉수, 양조한, 문덕겸, 송백, 김상, 신여로 선열을 기리는 비석들이 이어지고, 끝에는 「同時死亂民位동시사란민위」라는 이름의 빗돌이 서 있다. '같은同 때時(동래 읍성 전투)에 전란亂으로 죽은死 백성들民'을 기려 세워진 비석으로, '位위'는 해마다 음력 4월 15일이 되면 이곳에서 그들을 제사지낸다는 뜻이다.

송상현 등 남자 선열 11분을 모시는 비석이 끝나면 담장으로 에워싸인 4기의 비석이 별도로 세워져 있어 눈길을 끈다. 이른바 '남녀 칠세 부동석男女七歲不同席'이다. 남男자와 여女자는 나이가 7세七歲가 된 때부터는 같은同 자리席에 있어서 안不 된다는 철학을 가졌던 것이 조선 시대라 그런지, 여성 선열들을 기리는 4기의 비석들은 죽어서도 남자들과 다른 공간을 차지하고 있다.

담장 안에는 낭군 송상현의 죽음을 지켜본 금섬의 비석 「金蟾殉亂碑금섬순란비」를 중심으로 동쪽에 2기의 「義女位의녀위」, 서쪽에 「同時死亂婦女位동시사란 부녀위」가 있다. 의녀비는 지붕 위에서 기왓장을 떼어 김상에게 전해주다가 왜적들의 칼날 아래 목숨을 잃은 두 여성을 기려 세워졌고, 동시사란부녀위는 남성 순절자 제단의 '同時死亂民位'와 마찬가지로 '같은 날 전란을 맞아 죽임을 당한 부녀자들'을 제사 지내기 위해 건립되었다.

송공단에 동시사란민위와 동시사란부녀위가 건립되어 있는 것을 보니 마음 한 구석이 따뜻해진다. 남녀와 신분에 따른 차별이 극심했던 조선 사회였지만, 여성과 일반 백성을 잊지 않고 그들을 기리는 비석을 세운 이들의 됨됨이가 훈훈하게 느껴진 까닭이다. 특히 송공단 경내에는 노비를 기리는 비석까지 세워져 있어 더욱 온기가 감돈다.

관청 노비 철수와 매동의 충성심을 본받으라는 뜻에서 세워진 비석 「故官奴鐵壽邁同効忠碑고관노철수매동효충비」를 본다. 이 조그마한 비석은 제단 위가 아니라 뜰 외진 구석에 홀로 서 있다. 두 관노는 송상현의 주검을 수습한 인물들이다. 두 사람은 동래 읍성 전투 때 전사하지 않았기에 제단 위에 모셔지지는 못했지만, 포로가 되었다가 풀려난 후 공의 시신을 찾아내는 정성을 보인 인물들이다. 그들은 또한 송상현 공이 죽음을 앞두고 '나는 배꼽 아래에 검은 점이 있으니 목이 없다 하더라도 그것으로 주검을 확인할 수 있을 것이다.' 하고 말할 때 그 앞에 엎드려 눈물을 쏟았던 관노들이다. 1742년, 김석일 등 후인들은 결코 두 관노를 잊지 않았다.

고관노철수매동효충비

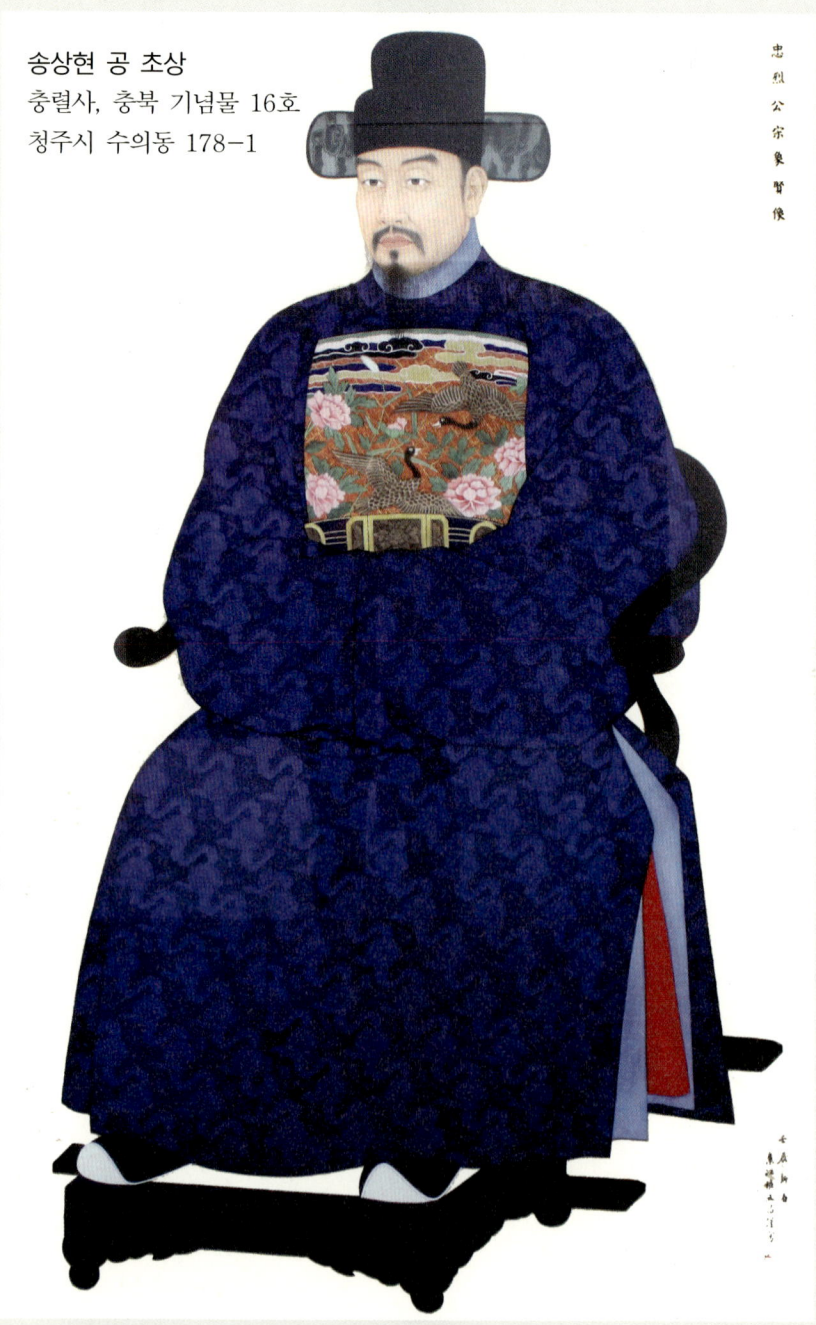

송상현 공 초상
충렬사, 충북 기념물 16호
청주시 수의동 178-1

정읍 정충사
전북 기념물 74호
정읍시 흑암동 597

　송상현을 기리는 현충 시설에는 부산의 충렬사와 송공단 외에도 전북 정읍의 정충사와 충북 청주의 충렬사가 있다. 정읍 정충사는 전라북도 기념물 74호이고, 청주 충렬사는 충청북도 기념물 16호이다.
　송상현이 부산의 충렬사와 송공단에 모셔지는 것은 그가 부산에서 순절했기 때문이다. 정충사가 정읍에 세워진 것은 정읍이 그의 고향이기 때문이다. 청주 충렬사에 모셔지는 것은 그의 묘소가 청주에 있기 때문이다. 그의 묘소가 자신과 아무 연고도 없는 청주에 있는 것은 순절 이후 조정에서 명당을 골라 산소를 쓰도록 한 때문이다.
　청주 충렬사 경내에는 본래의 것과 새로 지은 사당 두 곳이 있을뿐더러 천곡 기념관이 있어 송상현과 관련되는 많은 유물, 유품들을 볼 수 있다. 신도비와 묘소는 천곡 기념관 인근인 수의동 산1-1에 있다.

조영규 정려
전남 기념물 78호
전남 장성군 북이면 백암리 266-1

조영규는 동래 전투에서 순절할 때 양산 군수였다. 경남 양산시 교동 157-10 에는 신라 충신 박제상 등과 더불어 조영규를 모시는 충렬사가 세워져 있다.

그의 고향인 전남 장성에도 1669년(현종 10)에 세워진 '조영규 정려'가 있다.
사진은 전라남도 기념물 78호인 '조영규 정려'이다.

양산 충렬사 경남 양산시 교동 157-10
조영규 등 임란 공신 29위, 독립 유공자 39위, 신라 충신 박제상, 고려 때 양주 방어사로서 왜구를 격퇴한 김원현 등 70위를 모시고 있다.

양산 충렬사 경남 양산시 교동 157-10

 1696년(숙종 22) 군수 조무훈이 임진왜란 당시 양산 군수 조영규와 의사 백수회白受繪 공을 기려 처음 사당을 창건했다. 1868년(고종 5) 서원 철폐령으로 충렬사가 훼철되자 1873년(고종 10) 군수 손상일이 조영규 공의 추모단을 세워 새로 제사를 시작했다.

 1845년(헌종 11) 군수 한긍인이 신라 충신 박제상의 비를 세우고, 1878년(고종 15) 군수 이만도가 고려 때 양주(양산) 방어사로서 왜구를 퇴치한 김원현金元鉉의 비를 건립하여 삼조의열비三朝義烈碑가 비로소 완성되었다. 삼조의열비는 줄곧 양산 읍성 내에 있었는데 일제 강점기를 맞아 이리저리 피해 다니는 신세에 몰렸다.

 1945년 해방 이후 양산 사람들은 춘추원 장충단奬忠壇을 꾸려 선열들을 모셨고, 2012년 들어 현재의 충렬사를 세워 지역 곳곳에 산재해 있던 임진왜란 공신들을 함께 모시게 되었다. 특히 이때 항일 독립운동 유공 선열 39위도 나란히 제향함으로써 양산 충렬사는 국가와 사람들을 위해 목숨까지 내놓은 선열을 기리는 현충 시설다운 면모를 온전하게 갖추게 되었다. 사당에 모셔진 임진왜란 선열들의 면면은 아래와 같다.

선무원종 1등공신 증 좌승지 겸 참찬관 김을생, 가리포 첨사 안이명, 중추부 동지사 윤옥
선무원종 2등공신 증 병조 판서 김영호, 훈련원 정 윤발, 돈명부 도정 황민중
선무원종 3등공신 병조 참의 김의상, 증 호조 판서 류정, 수문장 류득춘, 증 호조 참판 류태영, 증 호조 참판 방익, 훈련원 주부 안근, 훈련원 주부 안시명, 훈련원 정 이구, 훈련원 첨정 이몽란, 군자감 판관 이수생, 증 호조 좌랑 정호인, 창의 의사 정호의, 증 호조 참의 최기
절의 의사 증 호조 참의 백수회
창의 의사 증 오위부 도총관 류백춘, 훈련원 봉사 박홍남

충렬사는 양산 '춘추 공원' 안에 있다. 공원 안으로 들어서면 김유신의 아버지 김서현(신라 때 양산 군수) 장군 기념비를 가장 먼저 만나게 되고, 곧 상해 임시정부 재무차장으로 활동했던 윤현진 독립운동가 빗돌을 보게 된다. 이어 해방 직후 '장충단'이 만들어졌던 장소를 기려 세워놓은 작은 푯돌이 나타난다. 여기서 왼쪽으로 가면 충렬사로 이어지고, 오른쪽으로 가면 현충탑에 닿는다.

장충단 푯돌 옆에 심훈의 「그 날이 오면」 시비가 있다. 현충탑 계단 앞에는 이육사의 「광야」와 정이산의 「무명 용사에게 바치는 시」 시비가 서 있다. 언젠가 '그 날이 오면' 충렬사에 모셔진 선열 70분의 활동을 세세히 알아보리라. 꼭 알아보리라.

[참고 자료] **순종, 송상현, 정발**

 1908~1909년, 이때는 이미 나라가 일본의 손아귀에 거의 들어간 사실상 망국의 시기였다. 이 무렵 순종은 나라 안을 돌아다녔다. 허수아비 황제 순종을 백성들 앞에 내세워 의병의 기운을 무너뜨리려 한 이등박문伊藤博文(이토 히로부미)의 획책에 순응한 순행이었다. 대구, 부산, 마산, 개성, 평양, 신의주 등을 돌아다닌 순종은 '이토 통감이 이 추운 날씨에도 이렇게 멀리까지 왔으니 짐의 마음이 매우 기쁘도다朕心嘉悅' 등의 망언을 일삼았다.

 1908년 12월 18일 부산을 방문한 순종은 일본 군함에 올라 천황을 위해 축배를 들었다. 군함이 없는 대구 등지에서 신사 참배를 하면서 천황을 떠받들었다. 그렇게 끝없이 나약한 인물이 조선의 마지막 '황제' 순종이었다.

 그러면서도 순종은 신하와 백성들에게 자신을 위해 죽을 것을 요구했다. 《승정원일기》에는 순종이 '나라에 몸 바친 외로운 충성은 해와 별처럼 밝으며殉國孤忠 皎若星日, 영명하고 씩씩한 영혼은 천고에 살아 있는 듯하니英靈毅魄 千載如生, 이 고장(부산)을 지나면 더욱 더 감회가 일어난다駕過此鄕 尤庸興感.'면서 '충렬공 송상현과 충장공 정발의 사당에 지방관을 보내어 제사를 지내도록 하라는 교지를 내렸다.'라고 기록되어 있다. 왕은 '나라'를 위해 죽을 수 없지만 신하와 백성들은 '왕'을 위해 죽어야 한다는 뜻인가?

 그는 결코 한 나라의 왕답지 못했다. 만약 순종이 송상현, 정발 등 무수한 선열들처럼 칼을 들고 왜적과 싸우다가 죽었더라면, 병장기를 들 힘이 없어 지붕 위에 올라 기왓장을 아군에게 전달하다가 죽임을 당한 두 여인만한 마음만 있었더라면, 금섬처럼 끝까지 적들을 꾸짖다가 순절했더라면, 조선이 그처럼 무기력하게 망국의 길을 걸었을까. 대구에는 2017년 5월 11일 순종 동상이 세워졌다.

 [오른쪽 사진] **동래 의총** 기념물 13호, 동래구 온천동 291-1 금강공원

부산 **동래의총**
살아서도 죽어서도 일제의 만행을 증언하누나

1592년 4월 15일, 일본 침략군의 공격을 감당해내지 못해 동래 읍성이 함락된다. 동래 부사 송상현, 조방장 홍윤관, 양산 군수 조영규, 비장 송봉수, 동래 교수 노개방과 그의 제자 양조한 그리고 문덕겸, 군관 김희수, 겸인 신여로 등이 전투 과정에서 장렬하게 전사한다. 또 부사의 첩 금섬, 부민 김상과 그를 도운 두 여인 등도 죽음을 맞이한다.

이날, 성내에 있던 모든 부민들까지 이날 목숨을 잃는다. 1731년(영조 7), 동래 읍성 전투에서 죽은 이름 없는 부민들을 기리는 무덤이 만들어진다. 퇴락한 동래 읍성을 고쳐쌓는 공사가 진행되었는데, 이 과정에서 동래 부사 정언섭鄭彦燮이 남문터 좌우에서 임진왜란의 흔적들을 다수 발굴한다. 이 일이 「임진 동래의총義塚」 조성의 단초가 되었다.

남문 유적에서는 부서진 창, 화살촉, 적군의 포탄만이 아니라 '순사殉死한 이들의 많은 유골이 함께 출토되었다. (동래 부사 정언섭은) 그 중 형골(뼈의 모양)이 완연한(뚜렷한) 12구의 유해(주검)와 무수한 잔해(주검의 부스러기)를 거두어 베와 종이에 싼 후 상자에 넣고, 부의 남쪽 삼성대 서쪽 (내성중학교 부근) 구릉에 육총六塚으로 모시고, 「壬辰戰亡遺骸之塚임진 전망 유해지총」이란 비석을 세웠다.'

작은따옴표 안의 내용은 동래의총 내삼문 바로 앞 「임진 동래의총 정화 기념비」의 해설문에 나오는 표현이다. 빗돌 제목에 '정화'라는 단어가 들어간 것은 부적절한 어휘 사용의 예시로 작문 시간에 거론될 사안이지만, 그래도 해설문 자체는 간결하고 명쾌하여 답사자의 궁금증을 깔끔하게 풀어준다.

정화 기념비는 '임진왜란 때 바다를 건너 몰려온 왜의 대군을 맞아 이곳 성민城民들은 나라의 관문이요 향토인 동래성을 지키기 위해 분연히 궐기하여 용감하게 싸웠다. 그러나 중과부적으로 모든 성민들이 무참히 죽임을 당하였다.'면서 '이때 순사한, 이름이 밝혀지지 않은 의사들의 유해를 거두어 모신 곳이 이 무덤'이라고 해설한다. 동래의총에 대한 명확한 개념 정립이다.

임진전망유해지총 비석

본래 6총이었던 의총은 그 후 7총으로 늘어난다. 1788년(정조 12) 동래 부사 이경일李敬一이 우물을 파던 중 유골 1구를 발견, 육총 곁에 모셨기 때문이다.

일제 강점기 들어 무덤들은 복천동 뒷산 영보단(부산 시립 박물관 복천 분관 내)으로 옮겨져 합분된다. 일제는 민족정신 말살 차원에서 의총들을 사람들 눈에 잘 띄지 않는 곳으로 강제 이장하면서 합쳐버렸다. 임진 동래의총이 현재 위치에 자리를 잡은 것은 1974년의 일이다.

임진 동래의총의 현주소는 부산광역시 동래구 온천동 291-1이다. 찾기 쉽도록 안내하려면, 부산해양자연사박물관 바로 뒤 또는 금강공원 내 금정사 바로 옆에 있다고 소개하는 것이 좋다. 그렇게 안내하면, 임진 동래의총이 인파가 들끓는 위치에 자리를 잡고 있다는 점을 빨리 연상시킬 수 있다. 온천동 291-1 지점이 의총 탄생 내력과 무관한 곳이라는 사실은 아쉽지만, 그래도 사람들이 많이 오가는 길목에 세워졌다는 점만큼은 다행한 일이다.

과연 오가는 사람들이 많다. 해양 자연사 박물관을 찾은 사람들, 공원 안을 산책 중인 사람들, 박물관과 의총 중간의 잔디밭에서 휴식을 즐기고 있는 사람들, 금정사와 금강사에 드나드는 사람들…… 사이를 지나 외삼문으로 간다.

충혼각 동래 의총의 사당

드문드문 외국인 답사객들도 외삼문 아래로 들어선다. 외삼문 지나자마자 오른쪽 산비탈에 줄 지어 선 20여 기의 선정비들이 답사객을 환영한다. 왼쪽은 금정사 담장이다. 선정비들과 사찰 담장은 이 길을 의총으로 들어가는 진입로답게 만들어준다.

길 끝에 정화 기념비가 있고, 비 오른쪽에 내삼문이 세워져 있다. 「임진 동래의총 정화 기념비」의 본문을 읽은 후 내삼문 안으로 들어선다. 경내는 소나무 숲이 아늑하고, 뜰 복판에 충혼각이 솔내음을 풍기며 향기롭게 서 있다.

묘소로 가는 길은 충혼각 왼쪽으로 나 있다. 임진 동래의총은 이 건물 뒤에 있다. 웅혼한 소나무들과 충혼각 사이를 걸어 의총 영역으로 올라서는 계단 앞에 선다. 계단 왼쪽으로는 대숲이 울창하고, 그 대나무 숲 앞에는 「동래 의총비東萊義塚碑」가 있다.

동래 의총비 앞면에 새겨져 있는 '壬辰戰亡遺骸之塚임진 전망 유해지총' 여덟 글자를 읽는다. 「임진 전망 유해지총」은 임진壬辰왜란 때 싸우다戰 사亡망한 분들의 시신遺骸을 모신 무덤塚이라는 뜻이다. 외적의 침입에 맞서 분연히 싸우다가 돌아가신 선열들의 위대함이야 다시 말할 필요도 없지만, 이름 석 자를 후세에 남기지 못한 분들일지라도 이렇게 묘소를 만들어서 정성껏 기리는 후세인들의 마음도 아름다운 미덕으로 칭찬받아 마땅할 것이다.

동래 의총비 바로 오른쪽 뒤로 나 있는 계단을 오르면 의총이 온전한 모습을 드러낸다. 묘소 앞에서 참배를 하며 잠시 상념에 젖는다. '임진왜란 때 전사한 우리 선조들의 일곱 무덤을 일제 강점기 일본인들이 저희들 마음대로 합분까지 해버렸구나!' 하는 탄식이 일어난다. 임진 동래의총은 살아서도 죽어서도 일본인들의 야만에 핍박받은 우리 선조들의 어두운 역사가 짙게 서려 있는 곳이다. 그래서인가, '국화 한 송이 들고 오는 정성마저 잊었구나.' 싶은 민망함에 더욱 고개가 숙여진다.

동래 의총

삼절사 문화재자료 1호, 해운대구 반송동 143

부산 삼절사
풍신수길 독살의 전설을 전해주는 놀라운 곳

도로변에 '忠節의 고장 盤松洞'이 새겨진 큰 돌이 서 있다. 여기가 반송동 입구인가 보다. '충절의 고장 반송동'이라고 적어 두었으면 모두가 읽을 수 있고, 그러면 반송동이 충절의 고장이라는 사실을 알리는 데 더욱 도움이 되었을 텐데……

반송이 많이 자란다고 해서 반송동이 된 이 마을이 '충절의 고장'이라는 영예를 획득한 것은 마을에 있는 삼절사三節祠 덕분이다. 삼절사는 높은 충절을 보여준 세 분을 기리는 사당이라는 뜻이다.

부산시 해운대구 반송동 143에 있는 삼절사에 도착하면 외삼문 왼쪽에 있는 안내판이 먼저 눈에 들어온다. 외삼문으로 접근하는 골목길이 좀처럼 차량 진입을 허용하지 않는 까닭에 답사자들은 자연스레 안내판 앞을 지나가게 되어 있다. 당연히 하마비下馬碑는 있을 이유가 없다.

안내판에는 삼절사 전체 배치도가 그려져 있다. 배치도는, 외삼문까지 들어오는 골목길은 좁지만 삼절사 경내 자체는 상당히 넓다는 것을 과시한다. 삼절사는 약 400여 평의 대지에 사당, 서원의 강당에 해당되는 세한당歲寒堂, 동재에 해당되는 모현관慕賢館, 서재에 해당되는 반송재盤松齋, 관리사인 모현관 아래 1층 건물 등을 갖추고 있고, 정원에서 세한당으로 올라가는 높은 계단, 세한당과 사당 사이의 깔끔한 잔디밭 등 웅장한 면모를 자랑한다.

문화재청 누리집은 '삼절사는 양지梁誌, 양조한梁潮漢, 양통한梁通漢 등 임진왜란 때 순절한 양씨 일가의 위패를 모시고 제사 지내는 곳'으로 '임진왜란 당시 양지는 경기도 광주 군수로 성을 지키다가 순국하였고, 양조한은 동래성에서, 그의 아우인 양통한은 곽재우와 함께 화왕산에서 의병 활동을 하다가 순절하였다.'라고 해설한다.

삼절사는 부산광역시 문화재자료 1호로 지정되어 있다. 삼절사의 건물들은 '1839년(헌종 5)에 동래 부사 이명적李明迪이 세웠는데, 그 뒤 (2011년 사당을 이전, 복원하는 등) 몇 차례 보수를 거쳐 현재 모습을 하고 있다.'

《한국 향토문화 전자대전》의 설명은 좀 더 풍부하다. 대전은 '1910년 국권 피탈 후 일제의 탄압이 혹심하여 삼절사의 삼위 위패를 사가私家(일반인의 집)에 봉안하고(모시고) 제향(제사)도 밤중에 지냈다.'라는 사실부터 말해준다.

대전은 또 일제가 '사우祠宇(사당)마저 헐어 버리려는 것을 창고라고 속여 간신히 보존'한 삼절사의 일제 강점기 수난사를 말해준다. 또 '각종 현판과 기록 문서 등도 압수되어, 현재는 삼절사 세한당의 현판만 보존되어 있다.'면서 조상을 기리는 집과 자료들을 보존하려고 애쓴 선조들의 노고도 증언해준다.

대전은 세 선열에 대해서도 문화재청 누리집보다 더 자세히 말해준다. '양지(1553~1592)는 적성 현감을 거쳐 삭녕 군수로 부임해 임진왜란 때 성을 지키다 순절했으며, 이조 판서에 증직'되었고, '양조한(1555~1592)은 동래 향교 유생으로, 향교에 봉안된 성현들의 위패를 읍성 정원루靖遠樓에 봉안한 후 순절하여 호조 정랑에 증직되었다.' 부산시 동래구 복천동 229-78 송공단 경내의 송상현 부사비 오른쪽에 양조한을 기리는 비석이 세워져 있다.

동래 향교(명륜당) 양조한과 그의 외아들 양홍이 같은 날 순절한 곳

양조한이 동래 향교에서 전사할 때 그의 외아들 양홍梁鴻도 함께 순절했다. 이날 양조한의 손자 양부하梁敷河는 12세에 불과했는데, 시체더미에 깔린 덕분에 왜적에게 죽임을 당하지 않았지만 할아버지 양조한과 아버지 양홍의 죽음을 생생하게 목격했다. 양부하는 일본에 포로로 끌려갔다가 천신만고 끝에 39세나 되어 돌아온다.

대전은 특히 양조한의 아우 양통한(1559~?)에 관해 '경주 문천 회맹蚊川會盟, (대구) 팔공산 회맹八公山會盟에 참여했으며, (두 아들 의와 숙을 데리고) 창녕 화왕산성火旺山城에서 의병 활동을 하다가 순절했다. 이후 호조 좌랑에 증직되었다.'면서 일반인들이 잘 알지 못하는 회맹 사실까지 설명해준다. 경주 문천 회맹은 1592년 6월 9일 경주, 울산, 영천, 영일, 흥해, 장기, 양산, 동래, 대구 등지의 의병장들이 경주성 탈환을 위해 반월성 주변 남천에 모인 것을 말한다.

문천(월정교, 반월성) 경주성 탈환을 논의하기 위해 의병들이 모였던 곳

최효식의 《경주부의 임진 항쟁사》에 따르면 '경주부가 중심이 되어 통문을 발송'하자 5월 28일 동해안에 머물고 있던 의병장 이언춘은 월성으로 진지를 옮겨온다. 다음날인 5월 29일 이계수 등 10여 의사가 오고, 6월 2일 최동보도 군사들을 이끌고 온다. 이윽고 6월 7일 경주판관 박의장의 관군까지 합세했을 때에는 문천회맹에 참가한 장졸들이 무려 4,200명에 달한다.

이때 경주에서 견천지, 권사악, 권응생, 김난서, 김득추, 김득상, 김득복, 김광복, 김응복, 김응생, 김응택, 김만령, 김몽화, 김몽양, 김영수, 김이관, 김천석, 김춘룡, 김홍휘, 박영립, 박인국, 백이소, 서은적, 오열, 이계수, 이눌, 이대립, 이몽룡, 이방린, 이삼한, 이승급, 이여량, 이용갑, 이원명, 이의잠, 이창후, 이팽수, 최해남, 최봉천, 최계종, 황희안, 황희철, 손시, 손엽이 왔다.

대구에서 손처겸, 최동보, 최인이 왔고, 당시 경주부 관할이었던 자인에서는 김우련, 김우용, 박몽량, 안천민, 이춘암, 전극창, 최경지, 최희지가 왔다. 영천에서 서도립, 이지효, 전삼익, 전삼달, 정사진, 정세아, 정의번, 조경, 조시언, 조이절, 조이함, 조이항, 조덕기, 조준기가 왔다.

영일에서 김견룡, 김원룡, 김우결, 김우정, 김우호, 김천목, 권여정, 심희청, 안신명, 정대용이 왔고, 흥해에서 남경훈, 박몽서, 백중립, 이대립, 이대인, 이화, 이열, 정삼외, 정삼성, 정삼고, 정승서, 정인헌, 진봉호, 최흥국, 호민수가 왔다.

팔공산 대구 의병들의 본거지

언양에서 신전이 왔고, 울산에서 고처겸, 김치, 박경열, 박문, 박손, 박봉수, 박응복, 박인립, 류정, 류영춘, 류백춘, 서인충, 서몽호, 이경연, 이승금, 이우춘, 이응춘, 이봉춘, 이한남, 윤홍명, 장희춘, 전응충, 전영방, 전개 의병장이 왔다.

더 멀리서도 말을 달리고, 또 걸어서 월성 아래 남천까지 왔다. 장기에서 서극인, 서방경, 이대임이 왔다. 양산에서 안근, 이몽난, 정호인, 정호의, 최기가 왔다. 동래에서는 박희근, 이인의, 양통한이 왔다.

양통한을 비롯한 의병들은 6월 17일 언양에서 북진해오는 왜군들과 사천 전투를 벌여 적병 400여 명을 사살하는 등 위용을 적들에게 한껏 떨쳤다. 《경주부의 임진 항쟁사》는 '(대구 의병 활동을 위해 모인) 팔공산 회맹, (정유재란에 대비해 모인) 화왕산 회맹보다 앞선 경주 문천 회맹은 임란사에 길이 빛날 것'이라면서 '이 회맹에 참여한 사람들이 중심이 되어 곧 경주 읍성 탈환 계획이 구체적으로 세워지고 실천에 옮겨졌다.'라고 기술했다.

《연려실 기술燃藜室記述》은 조선 후기 학자 이긍익(1736~1806)이 우리 역사에 남긴 방대한 저술이다. 59권 42책에 이르는 이 역사서는 1392년(태조)부터 1674년(현종)까지 283년 동안 일어난 주요 사건들을 대상으로 인용한 원전을 밝히고, 저자의 개인 의견 없이, 본문에 여백을 두었다가 새로운 사실이 밝혀질 때마다 내용을 추가하는 방법으로 집필되었다. 저자는 42세에 시작, 타계할 때까지 무려 30년에 걸쳐 《연려실 기술》을 썼다.

신병주는 네이버 캐스트 「인물 한국사」에서 이 책을 '개인이 남긴 조선 시대 최고의 역사 기록물로 평가받고 있다.'라고 소개한다. 신병주는 또 '이긍익은 국가의 공식 기록보다는 민간에서 정리된 야사 중에서 설득력 있는 이야기를 중심으로 편집하였다.'라고 말한다.

바로 그 《연려실 기술》에 양조한의 손자 양부하에 대한 놀라운 기록이 실려 있다. 양조한이 중국 사신 심유경을 도와 풍신수길을 독살했다는 것이다. 이 내용은 이익(1681~1763)의 《성호 사설》에도 대동소이하게 실려 있다. 아래는 《성호 사설》의 '양부하' 부분을 현대문으로 번안하면서 발췌독으로 읽어본 것이다.

> 양부하는 동래 사람이다. 임진왜란 때 일본에 포로로 끌려 갔다가 27년만에 돌아와 95세 때 죽었다. 판서 임상원任相元이 '내가 직접 양부하에게 들은 것'이라면서 양부하의 일본 생활을 자신의 문집 《염헌집恬軒集》에 실어놓았다.
>
> 양부하는 12세에 포로가 되었다. 그는 양반가의 아들이라는 이유로 관백關白(풍신수길)에게 바쳐졌다. (중략) 수길이 '조선 아이가 일본 사람과 흡사하구나.' 하면서, 역관에게 일본말을 가르치게 했다. 양부하는 3개월 만에 일본말을 능숙하도록 습득했다. (중략) 수길이 양부하를 각별히 사랑하여 항상 옆에 있게 했다.
>
> 하루는 우리 사신과 중국 사신이 왔다는 말을 듣고 양부하가 수길에게 간청해서 만나보게 되었다. 중국 사신은 심유경沈惟敬이었다. 심유경은 객관客館에 엄중하게 감금되어 있었다. 심유경의 통곡 소리를 들은 양부하가 수길에게 사실을 보고했고, 수길이 심유경을 만나게 되었다. (그 일로 양부하와 심유경이 친해졌고, 둘은 풍신수길 독살을 공모했다.) 심유경은 수길을 만나자 마자 환약을 먹었다.
>
> 심유경은 수길을 다시 만났을 때에도 환약을 먹었다. 수길이 이상하게 여겨 물었다. 심유경은 '바다를 건너오면서 습기로 몸이 불편할 때마다 항상 이 약을 복용했는데, 먹고 나면 기운이 솟고 몸이 경쾌합니다.' 하고 대답했다. (중략)

수길이 '내가 며칠 전에 경도京都에서 돌아와 몸이 매우 피곤한데 나도 복용하면 어떻겠소?' 했다. 심유경이 주머니에서 환약 한 개를 꺼내어 수길에게 주었다. (아직 심유경을 의심하고 있던) 수길은 약을 반을 쪼개더니 '그대와 함께 나누어 먹으려 하오.' 하였다. 심유경이 반쪽을 받아서 삼켰다. 수길은 한참 그 광경을 눈여겨보았다. 심유경이 팔뚝을 펴며 기운을 내자 수길도 마침내 약을 먹고 물을 마셨다. 수길은 심유경을 만날 때마다 환약을 나누어서 먹었다.

나누어 먹은 약에는 사실 독이 들어 있었다. 심유경은 객관으로 돌아오는 즉시 해독약을 복용했다. 수길은 그렇게 하지 않았다. 수길은 몸이 점점 쇠약해졌다. 의원이 약을 써도 효험이 없고, 침을 찔러도 피가 나오지 않았다. (중략) 수길이 '내가 다시 일어나지 못하겠구나.' 하더니 '말총과 맑은 물을 준비해 두었다가 내가 죽거든 배를 갈라 창자를 꺼내어 오장과 육부를 깨끗이 씻은 다음 다시 말총으로 꿰매고 시체를 술독에 담아 두어라. 발상發喪(사망 사실을 외부에 알림)하지 말고 비밀에 붙여라.' 하고 첩들에게 유언했다.

그 이후 누가 문병을 오면 첩들은 '약간 차도가 있다.'라고만 말했다. 그러나 시체 냄새가 밖으로 풍겨나가면서 대신들이 사태를 알게 되었다. 그때 수길의 아들 수뢰秀賴는 겨우 7세였다. (중략) 양부하가 귀국하기를 원하는 남녀 80여 인을 데리고 뱃길로 돌아오니 이때 나이 39세였다.

(중략) 오직 독환毒丸의 일은 달리 본 자가 없으니, 이는 외부에서 살펴서 알 일이 아니다. 하지만 밤낮으로 수길을 수발했던 양부하가 마음에 기억하고 있다가 잊지 않고 술회하였으니 아마도 허황한 말은 아닐 것이다. (중략)

> 다만 수길이 죽기 전에 심유경이 먼저 형벌로 죽었으니 원통한 일이다. 이 일을 심유경이 발설하지 않은 것은 군사 기밀은 비밀을 소중하게 여기는 것으로, 일이 이루어지기 전에 먼저 누설되면 큰 손실이 있기 때문이다. 만약 양부하가 일찍 돌아오고 심유경이 살아 있었더라면 공으로 삼고 호언장담하지 않았겠는가?

양부하가 심유경과 공모하여 풍신수길을 독살한 일의 사실 여부는 아직도 명확하게 밝혀지지 않고 있다. 그러나 이익은 심유경과 양부하가 함께 모의하여 풍신수길을 독살했다는 《염헌집》의 기록을 두고 '밤낮으로 풍신수길을 수발했던 양부하가 마음에 기억하고

세한당 삼절사의 강당

있다가 잊지 않고 술회한' 내용이니 '허황한 말은 아닐 것'이라고 《성호 사설》에 기술했다.

이긍익도 '개인이 남긴 조선 시대 최고의 역사 기록물'로 평가받는 《연려실 기술》에 같은 기사를 수록했다. 신병주는 《연려실 기술》에 수록된 내용들은 이긍익이 '민간에서 정리된 야사 중에서 설득력 있는 이야기를 중심으로 편집한 것'이라고 했다.

양지, 양조한, 양통한, 양홍, 양의蟻, 양숙肅, 양부하의 4대에 걸친 충의를 자랑하는 남원 양씨南原梁氏 문중의 삼절사를 찾아간다. 한겨울에도 골목길이 따뜻하다. 좁아서가 아니라 그곳에 서린 올곧은 정신이 사방을 가득 뜨겁게 달군 까닭일 것이다. 내 마음도 저절로 뜨거워진다.

모현관 기념관

윤공단 기념물 9호, 사하구 다대동 157-1

부산 윤공단
쏟아지는 적의 칼날, 형 안고 죽은 동생

　윤공단尹公壇의 현지 안내판은 자신이 '부산광역시 기념물 9호'이고, '부산광역시 사하구 다대1동 1234번지(도로명주소 : 윤공단로 112)'에 있다는 것부터 말한다. 이어, 임진왜란 발발 최초 시점에 왜적과 맞서 싸우다 순절한 '다대포 첨사 윤흥신과 군민들의 충절을 추모하기 위해 만든 제단'이라는 본문의 첫머리가 시작된다. 명칭, 문화재의 등급과 번호, 소재지를 소개한 후 내용을 설명하는 현지 안내판의 일반적 형식이 잘 지켜지고 있다.
　윤공단이 문화재라는 사실을 중시하는 성실한 역사 여행자는 의무처럼 문화재청 누리집을 방문한다. 누리집은 윤공단의 주소를 '부산광역시 사하구 다대1동 산24'라고 알려준다. 'Tmap'에 입력하니 '다대1동 산24-1'이 떠오른다. 주소에 '산'이 등장하는 문화재를 찾아다닐 때면 늘 많은 우여곡절을 겪어왔다. 지금도 찾기 어렵겠다는 걱정부터 머리에 맴돈다. 아니나 다를까, 자동차는 돌고 돌아 산 아래 막다른 골목에 닿고, 회차할 공간도 없어서 200m 이상을 후진한 뒤에야 겨우 돌아나오게 된다.

문화재청 누리집의 '다대1동 산24'와 현지 안내판의 '다대1동 1234'는 전혀 다른 곳이다. '다대1동 산24'로는 윤공단을 찾을 수 없다. 물에 빠지면 지푸라기라도 잡는다고 했으니 답답한 마음에 '윤공단'으로 Tmap에서 찾아본다. 곧장 '윤공단 앞' 지도가 화면에 뜬다. '산'이 아니라 대도로변에 있다.

문화재청 누리집이 이렇게 윤공단의 주소를 잘못 공지하고 있듯이, 임진왜란 초기의 조선 조정은 일본군의 선제 공격에 당한 부산 일원 장졸들의 생사조차 제대로 파악하지 못했다. 전쟁이 터진 지 일곱 달도 더 지난 1592년 11월 25일자 《선조실록》에 보면 선조와 김수는 '정발과 송상현은 죽었나?', '안 죽었다고도 하지만 죽은 게 분명합니다. 송상현이 왜적의 장수가 되어 도리어 아군을 공격하고 있다는 소문은 사실이 아닙니다.'라고 문답한다. 선조와 조정은 전쟁이 어떻게 돌아가고 있는지조차 몰랐다.

윤흥신에 관한 첫 기록도 《선조실록》이 아닌, 뒷날 새삼스럽게 집필된 《선조수정실록》 1592년 4월 14일자에 처음 등장한다. 수정실록은 '경상 좌수사 박홍은 바로 성을 버리고 달아났다. 경주의 왜적이 군대를 나누어 서생포와 다대포를 함락시켰는데, 다대포 첨사 윤흥신이 대항하여 싸우다가 죽으니 바닷가의 군현郡縣(지방 행정 관청)과 진보鎭堡(군대 주둔지)들은 모두 소문을 듣고 도망하여 흩어졌다.'라고 적고 있다.

윤흥신을 표창해야 한다는 의견이 처음 제기되는 때도 다대포 장졸들이 장렬하게 전사한 지 170년이나 지난 1761년(영조 37)이다. 《부산의 문화재》(부산직할시, 1982)에 따르면, 경상 감사 조엄趙曮은 윤흥신의 다대포 전투에 관한 '비교적 자세히 기록된 믿을 만한 문헌(구사맹의 《조망록》)을 입수, 조정에 포상을 요청'한다. 조엄의 요청은 1604년(선조 37) 선무 원종 1등 공신에 책록되기는 했지만 그 후 잊힌 인물이 되고 말았던 윤흥신과, 그가 주도적으로 이끈 다대포 전투의 실상이 세상에 크게 알리는 첫 계기가 되었다.

조엄 기념관, 사당, 신도비 강원도 원주시 지정면 간현리 137-2

조엄은 1719년(숙종 45)에 태어나 1777년(정조 1)에 타계한 조선 후기의 문신으로, 고구마를 우리나라에 도입한 인물로 특히 유명하다. 풍양豊壤 조씨인 조엄은 동래 부사, 평안도 관찰사, 경상도 관찰사, 이조 판서, 공조 판서 등을 역임했고, 통신사로서 일본에 다녀온 견문을 기록한 《해사 일기海槎日記》가 전해지고 있다.

조엄이 통신사 정사正使로 일본에 다녀온 때는 1763년이다. 그는 대마도에서 고구마 종자를 가져오면서 재배법과 보관법도 알아와 우리나라 사람들에게 전파했다. 이 일 덕분에 많은 사람들이 굶어죽는 일을 면했다. 그가 《해사 일기》에 '일본인들이 "고귀위마古貴爲麻"라 부른다.'라고 기록한 데 근거하여 그 이후 우리나라에서 "고구마"라 부르게 되었다

조엄은 그림에 뛰어난 재능이 있는 무관 변박을 발굴하여 일본에 데려갔다. 변박은 「동래부 순절도」 등 보물 그림들을 남겼다.

원주시 지정면 간현리 137-1에 '조엄 기념관'이 설립되어 있다. 기념관 옆에 사당이 있고, 사당 뒤편으로 가면 신도비에 이어 묘소가 나온다. 조엄 묘역은 강원도 기념물 76호이다.

1757년(영조 33), 윤흥신의 순절에 관심이 많았던 조엄은 《다대포 첨사 윤공 전망 사적서戰亡事蹟敍》에도 다대포 전투에 대한 기록을 남겼다. 조엄은 '내가 《징비록》을 본 바 다대포 첨사 윤흥신이 역전하여 전사했다고 하고, 《재조 번방지》에는 왜적이 군사를 나누어 서평(부산 사하구 구평동)을 함락하고 (다대포를 공격하자) 다대포 첨사 윤흥신이 있는 힘을 다해 싸우다가 피살되었다고 했다.'면서 역사서에 전해지는 윤흥신에 관해 진지하게 언급했다.

이어서 그는 '《징비록》은 선조 조의 정승 류성룡이 지은 것이고, 《재조 번방지》도 동양위(선조의 부마 신익성) 윤자(대를 이을 아들) 신경이 지은 당시의 문헌이니, 반드시 고증을 거쳤을 터이므로 믿을 만한 것'이라면서 '본인이 동래부에 부임하여 충렬사에 참배해 보니 송상현과 정발만 모셔져 있고, 심지어 향리와 노비까지 제사지내고 있으나 윤공만 제외되어 있어 이상하게 생각했다.'라고 밝혀 두었다.

조엄의 윤흥신을 기리기 위한 노력은 《영조실록》 1772년(영조 48) 1월 14일자 기사에도 실려 있다. 기사에 따르면 조엄은 '임진년(1592)에 다대포 첨사 윤흥신이 절개를 지켜 죽은 사적事蹟이 《징비록》, 《재조 번방지》, 《조망弔亡》(구사맹의 《조망록》) 등의 책자에 실려 있습니다. (중략) 동래부에 충렬사가 있는데, 임진년에 본부(동래) 부사였던 송상현을 모신 곳으로 그 당시 순절한 사람들도 함께 제사지내고 있습니다.' 하고 말을 꺼낸다.

이어서 조엄은 '그런데 유독 윤흥신은 절개를 지켜 죽은 사람인데도 참여하지 못하고 있습니다. (중략) 충렬사에 (윤흥신을) 아울러 향사(제사)하도록 명하시면 진실로 풍성風聲(풍속을 아름답게 가꾸는 일)을 수립하는 도리가 될 것입니다.' 하고 임금에게 건의한다. 대신들도 모두 윤흥신을 충렬사에 아울러 향사하는 것이 마땅하다며 조엄의 말에 찬동한다.

이에 '임금이 그대로 따랐다.'

조엄은 자신이 통신사 임무를 수행할 때 종사관으로 따랐던 이해문李海文이 1764년 11월에 다대포 첨사로 부임할 때에도 윤흥신의 일을 종이에 적어주었다. 이해문은 조엄이 써 준 글을 '벽에 걸어둔 채 장차 비석을 세우려고 했다揭壁又將堅碑(조엄의 후손 조진실이 「첨사 윤공 흥신 순절비」에 남긴 표현).'

寺樓一上世緣虛
절 누각에 올라보니 세상 인연 공허한데
黃菊丹楓任所如
누런 국화 붉은 단풍 지천으로 피었구나
勝景梵魚東賞後
범어사 아름다운 경치 동쪽에서 구경하고
流光候雁北來初
기러기 날아오는 물빛 북쪽에서 감상하네
喧添鼓角三叉浪
삼차수 물가에는 고각 소리 요란하지만
羅立兒孫七點岨
칠점산 봉우리들은 손자들처럼 늘어 서 있고
仙去百年雲水地
나는 지금 신선이 떠난 지 오랜 운수사에 있네

이해문이 운수사雲水寺를 노래한 시이다. 이해문은 이 시를 오늘날까지 남겼지만 윤흥신을 기리는 비석은 미처 세우지 못했다. 무장이면서도 문장과 행정 업무에 능통하여 임금과 조정의 큰 신임을 받았던 이해문은 미처 비를 건립하기도 전에 승진하여 한양으로 돌아가야 했기 때문이다.

윤흥신 순절비

결국 비는 동래 부사 홍종응洪鐘應이 1841년(헌종 7)에 세웠다. 홍종응은 '첨사 윤공 흥신 순절비僉使尹公興信殉節碑'에 조엄의 후손 조진실趙鎭實이 자신에게 윤흥신의 비석을 건립하는 데 힘써줄 것을 당부했다고 밝히면서 '충신을 드러내고 절의를 표창하는闡忠表節 일은 신하의 책임守臣之責'이므로 '(조진실의 뜻을 좇아) 즐거이 함께 성사시켰다逐樂與之成.'라고 기록해두었다.

비문에 따르면 '1592년 4월 14일 부산진성을 함몰시킨 일본군은 군대를 나누어 동래 읍성과 다대포진을 공격했다. 첫날(15일)은 있는 힘을 다하여 적을 물리쳤다.' 일단 적이 물러가자 군사軍事(참모)가 첨사 윤흥신 앞에 나와 '적이 반드시 전군을 동원하여 몰려올 것이니 피하는 수밖에 없습니다.' 하고 말했다.

윤흥신은 '죽음만이 있을 뿐有死而已'이라며 군사를 꾸짖었다. 결국 이튿날(16일) '적병이 많이 몰려드니 마침내 우리 군대가 무너졌다. 윤흥신은 혼자 종일토록 적을 쏘았지만公獨終日射敵 성이 함락되면서 순절하였다.'

마지막 순간, '적들이 공에게 다가와敵逼公 시퍼런 칼날이 마구 쏟아지니白刃亂下 이복동생 흥제가 공을 감싸 안고 있다가興悌抱公 함께 죽었다同死.' 흥제는 죽은 뒤에도 형을 '팔로 단단히 부여잡고 끝내 놓아주지 않았다握固終不釋. 결국 한 관에 넣어 함께 매장할 수밖에 없었다逐同棺而窆. 어찌 이토록 기이하고 장렬할까何其奇且烈也!'

윤공단은 1970년 12월 5일 현 위치로 옮겨졌다. 본래 윤흥신이 전사한 다대 객관(전 다대 초등학교 교내)에 설치되었지만 현창 시설을 크게 확장하면서 새 터를 잡았다. 지금의 윤공단 자리는 도로에서 제단까지 올라가는 계단이 60m에 이르고, 울창한 솔숲이 짙은 녹음을 사시사철 드리우고 있어 외적과 맞서 싸우다 순절한 선열들을 기리는 현창 시설로는 아주 적절한 공간으로 느껴진다.

특히 제단으로 올라가는 60여m 계단 초입에 설치된 많은 선정비들도 윤공단의 현창 시설다운 분위기를 북돋우는 데 크게 일조를 하고 있다. 첨사 이승운, 첨사 이동식, 관찰사 이경재, 관찰사 홍종영, 진리 한광국, 관찰사 서헌순, 병조판서 민응식, 첨사 정제빈, 첨사 김정근, 겸목관 이득형, 겸감목관 고도성, 겸감목관 구정환 등을 기리는 14기의 선정비가 숲속에 나란히 세워져 있다. 도시 확장 와중에 제 자리를 잃은 비석들을 이곳에 모아둔 것이다.

제단에 닿아 바라보면, 중앙에 높이 180cm, 넓이 60cm의 「첨사 윤공 흥신 순절비」가 있고, 좌우로 「의사 윤흥제 비義士尹興悌碑」와

윤흥신 장군 석상 동구 초량동 1143-1

「순란 사민비殉亂士民碑」가 세워져 있다.

제단을 응시하노라니 문득 동생 윤흥제의 비가 형 윤흥신의 비를 두 팔로 감싸 안은 듯한 자세를 하고 있으면 좋으련만…… 하는 생각이 일어난다. 물론 비석으로 그 형상을 나타내기는 어렵겠고, 누군가가 현대식 조형물을 세워 그 뜻을 표현해주면 좋으리라.

윤흥신을 기리는 비석이 속히 세워지지 않는 것을 안타까워한 조진실은 순절비에 '이공(이해문) 같은 사람이 나타나기를 기다린다 嗟夫慕義如李候者'라고 적었다. 그 바람 덕분인지 홍종응이 나타났다. 나도, 윤공단 앞에서 참배를 드리면서, 그런 소망을 빌어본다.

윤공단 전경

성을 지키는 조선견

홍예(무지개) 모양의 수영성 남문
유형문화재 17호, 수영성로 42

부산 **수영성**
수령은 도주하고, 백성들은 의병을 일으키고

가노라 삼각산아 다시 보자 한강수야
고국산천을 등지고자 하랴마는
세월이 하 수상하니 올동말동하여라

명나라는 변함없이 섬겨야 옳고 청나라와는 끝까지 싸워야 한다고 주장한 김상헌金尙憲(1570~1652)은 일흔도 넘은 고령에 두 번이나 청나라로 끌려간다.7) 그의 고난스러운 이력은 「가노라 삼각산아」를 대한민국 '국정' 국어 교과서에 실리는 명작 시조로 만든다. 시조를 배우면서 김상헌의 이미지는 후대인의 뇌리에 더욱 강렬하게 각인되었고, 절개와 의지의 상징으로 굳어졌다. 바로 그 김상헌이 아래의 비명碑銘(묘비에 새긴 글)을 남겼다.

---

7) 인조는 1636년(인조 14) 12월 두 번째로 청에 끌려가는 김상헌에게 서신을 보내 '(우리는) 군신 사이지만 정으로는 부자와 같다.'면서 '만나보고 싶지만 사정상(청의 눈치) 그렇게 못한다. 저들(청)에게 잘 말해서 풀려나기를 바라노라.' 하고 격려했다. - 김범 「김상헌」 (네이버캐스트)

> 경상좌도慶尙左道[8]) 수군 절도사水軍節度使에 임명된 공은 백성들을 너그럽게 대하고 일을 부지런히 했다. 선비와 군사들은 편안하다고 입을 모았고, 군정軍政이 실행되지 않는 것이 없었다. (중략) 임기가 차면 관례상 교체하게 되어 있었지만 조정이 공의 재능을 알고 특별히 1년 더 유임시켰다.
>
> 그 이듬해인 임진년(1592)에 왜적이 국력을 기울여 침범해 왔다. 공은 바닷가로 나아가 맞서 싸웠지만 중과부적이어서 본진本鎭(경상 좌수영)에 들어가 성을 지켰다.
>
> 왜적이 연달아 이웃 고을들을 함락하면서 구원병이 끊어졌다. 공은 어쩔 수 없이 상황을 조정에 보고한 후 백성들부터 먼저 성 밖으로 나가게 하고, 이어 자신도 군량과 병기를 챙겨서 뒤따랐다. 미처 챙길 수 없었던 나머지는 모두 불살라 적이 이용하지 못하도록 했다.

비명 속의 '공'은 임진왜란 발발 당시 경상 좌수사였던 박홍朴泓(1534~1593)이다. 김상헌은 박홍에 대해 최대한의 찬사를 펼치고 있다. 임진왜란 발발 초기의 전투 상황은 잘 모르지만 김상헌의 명성에는 익숙한 독자의 경우, 필자가 김상헌이라는 점만으로도 비명의 진실성을 믿을 법하다. 김상헌은 결코 불순한 목적을 위해 역사를 왜곡할 인물이 아니라고 신뢰하기 때문이다.

《선조수정실록》 1592년 4월 14일자는 김상헌의 비명과 정반대되는 내용을 보여준다. 수정실록은 '경상 좌수사 박홍은 (왜적이 쳐들어오자) 즉시 성을 버리고 달아났다卽棄城退走.'라고 증언한다. 비명의 내용처럼 최선을 다해 수비하다가 '어쩔 수 없이' 백성들의 안전을 보살피고, 청야淸野 작전도 진행하고, 자신은 마지막으로 '뒤따라' 철수한 것이 아니라 '즉시' 도주했다는 뜻이다.

---

8) 현재의 경상남·북도 중 낙동강 동쪽 지역이다. 서쪽 지역은 경상우도.

1592년 6월 28일자 《선조실록》에 실려 있는 경상우도 초유사招
諭使 김성일의 보고서도 대동소이하다. 김성일은 '좌수사 박홍은 화
살 한 개도 쏘지 않고不發一失 먼저 성을 버렸고首先棄城, 좌병사 이
각도 뒤이어 동래로 도망쳤으며, 우병사 조대곤은 연로하고 겁이
많아 시종 물러나 움츠렸고, 우수사 원균은 군영을 불태우고 바다
로 나가 배 한 척만 보전하였습니다. 한 도道의 주장主將인 병사와
수사가 이 모양이었으니 그 휘하의 장졸들이 어찌 도망하거나 흩
어지지 않겠습니까?' 하고 증언한다.

　박홍은 전쟁이 터지자 그 길로 도주하였을까, 아니면 중과부적으
로 도저히 상대가 안 되자 백성들부터 피란시킨 다음 자신도 청야
작전을 수행한 뒤 물러섰을까?

판옥선 박홍과 원균이 스스로 바다에 집어넣었다는 전함
은 판옥선이었다. 판옥선은 조선 수군의 주력선이었다.

김성일이 조정에 보고한 문서에 따르면 박홍은 한 발의 화살도 날리지 않고 잽싸게 도망친 비겁한 졸장이고, 김상헌의 비명에 따르면 백성들부터 살린 뒤 슬기롭게 후퇴한 지장이다. 어느 쪽이 진실일까? 전쟁 초 부산진 첨사 정발, 동래 부사 송상현, 다대포 첨사 윤흥신 등 무수한 부산 사람들이 장렬하게 순국했다. 그들에 견주면, 김상헌의 비명을 그대로 받아들인다 하더라도 박홍은 당당하게 왜적과 맞서 싸운 인물은 아니다. 그는 그저 물러섰을 뿐이다.

박홍이 스스로 물러가버리자 경상 좌수영에 주둔 중이던 조선 수군은 저절로 와해되어 버렸다. 일본군은 아무런 저항도 받지 않고 이곳을 점령했다. 그 이후 7년 내내 이곳은 전쟁이 끝날 때까지 일본군의 주둔지가 되었다.

하지만 모두가 '적들의 위협에 굴복하여脅從假命 왜복을 입고服班爛 오랑캐의 소리로 말하는 자言侏離者(「의용단 비명」의 표현, 아래도 같음)'가 되지는 않았다. 특히 '사신師臣(장수와 고위 관리)들이 도망쳐 나가는 것을 보고 분개하고 한탄한' 25명의 의인들이 있었다.

바로 앞에서 본 남문의 무지개 모양

101

이들은 '자신을 돌보지 않고 의연히 종군하여 금석 같은 초지일관으로 처음부터 끝까지 적을 공격하고, 또는 적의 칼날 아래 목숨을 잃고, 때로는 새로 임명된 장수를 영접하기도 하여 공로가 뚜렷하고 의열이 늠름하였다.'

　25인의 업적이 처음 알려진 때는 1609년(광해 1)이다. 부산 백성들은 동래 부사(오늘의 부산시장) 이안눌을 찾아가 25인의 저항 의병군을 기려줄 것을 청원했다. 이안눌은 25인의 집집마다 문에 '義勇의용' 두 글자를 써 붙여 표창하였다. 순조 때는 동래 부사 오한원이 그 후손들에게 역役(군대와 노동에 동원되는 일)을 면제해 주기도 했다. 1853년(철종 4)에는 경상 좌수사 장인식이 스물다섯 분과 그 외 무명 의사들을 제사지내기 위해 단을 쌓고, 비석도 세웠다.

장인식은 '바람이 세게 불어야 어느 풀이 굳센지 알게 된다疾風知勁草者'라고 의사들을 찬양하면서 제단과 비석에 의용단 및 의용단비義勇壇碑라는 이름을 붙였다. 장인식은 또 제단과 비석이 세워지고, 제사가 이루어지게 된 경위를 비문에 새겨두었다.

> 이 수영은 남쪽 변방의 요해처이고, 영좌嶺左(경상좌도)의 요충지이다. 단을 쌓아서 제사를 지내고 비를 세워서 사적을 기록한 것은 알려지지 않은 사실을 밝혀 후인들을 격려하려는 것이니 어찌 보는 사람들의 마음을 모두 북돋우고 움직이지 않을 것인가. 경비는 스스로 도우려는 사람들이 많아 공사에 백성들을 동원하지 않았고, 제사에는 관가에 폐를 끼치지 않았다.

장인식이 세운 의용단비는 현재 「25의용단義勇壇」이라는 이름으로 수영구 수영동 372에 남아 있다. 부산광역시 기념물 12호인 25의용단의 외삼문 앞 검은 빗돌 안내판은 의용단을 '조선 시대 임진왜란 7년간 왜적의 침입으로 나라의 운명이 매우 위태로울 때 우리 고장을 지키기 위하여 분연히 일어나 목숨을 바쳐 향토를 수호한 25 의사의 충혼을 모신 곳'으로 정의한다. 기라성 같은 고관들은 싸워 보지도 않고 줄행랑을 쳤지만 그저 그런 백성들은 오히려 '분연히 일어나 목숨을 바쳐 향토를 수호'했다는 뜻이다.

1995년 수영구청이 개청되었을 때 일부 주민들이 '25 의사의 행적에 비해 의용단의 규모와 시설이 너무나 왜소한 점을 안타깝게 여겨 수영 역사 찾기 일환으로 의사의 충절을 드높이기로 뜻'을 모았다. 드디어 2000년, 25 의사의 위패가 새로 제작되었고, 정면 3칸, 측면 2칸의 팔작 기와지붕을 한 사당 의용사義勇祠도 신축되었다. 내삼문인 영회문永懷門, 외삼문인 존성문存誠門, 제사를 준비하는 전사당典祀堂도 같이 지어졌다.

의용단 내에서 가장 눈길을 사로잡는 것은 뜰 좌우를 가득 메우고 있는 비석들이다. 절의와 용기를 보여준 여러 사람들을 기리는 비석이라는 뜻의 의용 제인비義勇諸人碑를 필두로 무려 25기나 되는 빗돌들이 양쪽 담장 아래에 도열해 있다.

의용 제인비 옆에 나란히 서 있는 비석들은 정인강鄭仁疆, 최송업崔松業, 최수만崔守萬, 박지수朴枝壽, 김팽량金彭良, 박응복朴應福, 심남沈男, 이은춘李銀春, 정수원鄭樹元, 박림朴林, 이수李樹, 신복辛福 의사를 기려 세워진 것들이다.

뜰을 가운데에 두고 의용 제인비와 맞은편 담장 아래에는 김옥계金玉啓, 이희복李希福, 최한연崔汗連, 최한손崔汗孫, 최막내崔莫乃, 최끝량崔-良, 김달망金達亡, 김덕봉金德俸, 이실정李實貞, 김허농金許弄, 주난금朱難今, 김종수金從守, 김진옥金進玉 선열의 비석이 세워져 있다. 가운데로 걸어 의용사로 가려면 참배객은 저절로 숙연해진다.

임진왜란 때부터 부산 사람들이 제사를 지내온
곰솔나무와 사당 수영 고당

수영성에 가면 25의용단 외에 남문(부산시 유형문화재 17호)도 볼 수 있다. 조선 시대에 낙동강 동쪽 남해(부산)에서 경주까지의 해안을 방어했던 경상좌도 수군 절도사영水軍節度使營이 바로 이곳 수영성이다. 남문의 모양이 홍예虹霓(무지개) 형태이고, 성문 좌우 앞 기둥에 화강암으로 조각한 박견(조선개) 한 쌍이 배치되어 있는 것이 특징이다.

도둑을 지키는 개가 성문 앞에 배치되어 있는 것은 수영성이 왜구를 감시하기 위해 축성된 군사 시설이라는 사실을 증언한다. 그렇지만 성주 박홍은 바다에 왜선들이 나타나자마자 (김상헌이 아니라 김성일의 기록이 사실이라면) 그 길로 잽싸게 달아나버렸다.

수영성 문 좌우의 박견

성문 바로 안에는 천연 기념물 270호인 '부산 좌수영 성지 곰솔'이 서 있다. 수령 400년 이상, 키 22m, 가슴높이의 줄기 둘레 4.1m, 가지퍼짐樹冠幅(관수폭)이 동서 19m에 남북 21.7m인 엄청난 노거수이다. 이곳에 좌수영이 있었던 당시 사람들은 나무로 만든 군선軍船(전함)을 보호하고 무사 안녕을 지켜주는 나무의 신이 이 노거수에 있다고 믿었다. 그래서 나무 아래에서 제사를 지냈다.

신령스러운 노거수 옆에는 수영 고당水營姑堂이 있다. 임진왜란 이전부터 이곳에 자리잡고 있었던 것으로 추정되는 이 신당神堂은 경상 좌수사를 비롯하여 마을 주민들이 국태 안민과 풍요를 기원을 올린 집이었다.

현지 안내판은 이 집이 '1936년에 재건되었고, 지금 건물은 1981년 김기배金己培 씨가 다시 지었으며 2003년 그의 아들 김종수金鍾秀 씨가 수리했다.'라고 소개한다.

안내판은 '(오늘날에도) 자식이 군대에 가거나 먼 길을 떠날 때 수영고당과 신목에 무사 안녕을 기원하면 큰 효험이 있다고 믿는 많은 사람들이 이곳을 찾고 있다.'라는 문장으로 해설을 마친다. 곰솔나무와 신당 앞에 선 나도 잠깐 마음의 바람을 빌어본다. 일본이 우리나라를 침입하는 일이 없도록 해달라고 기원하기는 좀 우스꽝스럽고, '지구상 유일의 분단 국가인 우리나라가 하루라도 빨리 통일이 되었으면 좋겠습니다.' 하고 속으로 중얼거려본다.

경상 좌수사를 비롯해 수영 사람들이 소원을 빌었던 **수영 고당**

경상 좌수영이 있었던 부산시 수영구와
경상 우수영이 있었던 거제도 사이
가덕도 일대의 남해 바다가…… 어둡다.
이순신과 원균이 일본 침략군과 싸웠던 이 바다,
오늘은 가덕대교 위로 관광객들이 질주하고 있다.

임진왜란 초기 박홍과 원균의 행적
조정의 수군 폐지 명령과 '도망자'

임진왜란 초기, 조선은 육지 전투에서 일본에 연전연패했다. 전쟁 발발 다음 날인 4월 14일에 부산진성을 빼앗긴 이래 동래 읍성, 다대포 진성, 김해 읍성도 곧 이어 넘겨주었다. 밀양 읍성, 울산 좌병영, 경주 읍성, 대구 읍성 등 모든 주요 거점들 역시 제대로 싸워보지도 못한 채 점령당했다. 중앙군 최초의 출전인 상주 북천 전투에서도 일격에 참패를 당했고, 조선군의 최고위 장군인 신립마저 충주 탄금대에서 적과 싸우다 밀리자 스스로 남한강에 뛰어내려 목숨을 끊었다.

전쟁이 일어난 지 채 불과 20일 만에 나라의 수도 한양이 적의 손아귀에 떨어졌다. 탄금대 패전 소식을 들은 선조와 고위 관리들은 피란을 떠나기로 결정했다. 그들은 개성과 평양에 들렀다가 이내 압록강 아래 의주까지 부랴부랴 몸을 피했다. 선조는 중국으로 망명을 하겠다는 심산이었다. 그러나 명이 거절하는 바람에 망신만 당하고 줄곧 의주에 머물렀다.

수군은 달랐다. 해전에서 조선군은 이기고 또 이겼다. 개전 초, 경상 좌수사 박홍과 경상 우수사 원균이 장렬히 싸우기는커녕 전함의 밑창을 뚫어 스스로 배를 물속에 가라앉히고 도주하는 볼썽사나운 모습을 보였지만, 이순신이 나선 5월 7일 옥포 해전 이후 정유재란 발발까지 조선 수군은 단 한 번의 패전도 없이 연전연승하는 쾌거를 이룩했다.

조선 수군의 승승장구는 놀라운 일이었다. 일본으로서는 전쟁 시작 전에 전혀 예상한 바 없는 패전의 연속이었다. 일본은 임진왜란 중 수많은 해전이 벌어질 것이라고는 예측도 못했다. 일본 측의 해전 준비 부실에 대해서는 국사편찬위원회 발간 《신편 한국사》가 잘 설명해 준다.

이 책은 먼저 일본인 학자 덕부저일랑德富猪一郎의 '당시의 일본인들은 섬나라 사람이란 것뿐 바다를 거의 모르고 있었고, 해전을 치러본 경험이 없었으므로 임란 해전에서 아무런 능력도 발휘할 수 없었다. 그들은 거의 완전한 육상동물이었다. 그들은 호랑이를 물속에 던져놓은 것과 같은 모양이 되어 해전에서는 능력의 십분의 일도 발휘할 수가 없었다.'라는 견해와, 유마성보有馬成甫의 '당시 일본 수군은 이름과 소속만 육군과 차이가 있었을 뿐 전투 기능에서 특별한 차이가 없었고 (중략) 수군의 기능과 역할을 극히 도외시했던 풍신수길은 수군에게 수송 업무의 감독이나 운송선 지원 외에는 거의 임무를 부여하지 않았다.'라는 견해를 소개한다.

이를 바탕으로 《신편 한국사》는 '풍신수길은 사전에 해상 전투가 있을 것을 예상조차 못하였으며, 이것은 곧 조선의 사정을 그만큼 모르고 있었다는 것을 의미한다. 따라서 조선 측과는 달리 제도적 수군 양성이 전무한 상태에서 무모한 침략 전쟁을 일으켰으므로 그 결과는 자명하였다.'라고 결론을 내린다. 그만큼 바다에서의 연속적인 참패는 일본 측에 있어 충격적이고 당혹스러운 상황 전개였다.

수군의 연전연승은 선조를 비롯한 조선 지도부에게도 뜻밖의 놀라움이었다. 선조 등은 아군이 바다에서 일본군을 제압하리라고 전혀 기대하지 않았다. 그들은 섬나라 일본은 당연히 수군이 막강하고, 상대적으로 육군은 약할 것으로만 지레짐작했다. 그런데 조선 육군은 약할 것 같았던 일본 육군에게는 연전연패하고, 조선 수군은 강할 것 같았던 일본 수군에게는 연전연승을 했다!

진도 벽파정

이순신으로 대표되는 조선 수군은 1592년 5월 7일 처음 출전한 옥포에서 왜선 30여 척을 격파하고, 이어 합포, 적진포, 사천, 당포, 당항포에서도 승리한다. 7월 8일에는 임진왜란 3대 대첩으로 평가받는 한산도 승첩을 이루고, 7월 9일 안골포 승리에 이어 9월 1일에는 부산포에서 왜선 100여 척을 격파한다. 1597년 9월 16일에는 진도 벽파정에서 해남 전라 좌수영 까지 이어지는 울돌목 일대 바다에서 단 13척의 조선 수군이 일본 함대 133척을 바다에 집어넣는 기적의 승리를 쟁취한다. 1598년 11월 19일에도 제 나라로 돌아가려는 일본 전함 200여 척을 이순신이 노량 앞바다에서 부순다. 1597년 7월 16일 원균이 이끄는 수군이 칠천량에서 대패한 것만 제외하면 조선 수군은 백전백승의 무적 군대였다. 다만 이순신 장군이 전쟁 막바지에 전사한 것이 너무나 안타까울 뿐……

조선이 임진왜란 초기에 곤욕을 치른 것은 군사력 증강, 축성 완비 등 전쟁에 대한 대비를 제대로 하지 않은 결과이지만, 일본의 전력을 잘못 판단한 데에도 큰 원인이 있었다. 조선 조정은 줄곧 일본의 수군 전투력을 지나치게 과대평가하고, 육군 전투력을 현실과 상반되게 과소평가해 왔다. 적국의 군사력을 실제와 정반대로 알고 있었던 것이다.

조선 지도부의 터무니없는 오판을 증언해주는 상징적 기록은 《세조실록》 1457년(세조 3) 1월 16일자에 실려 있다. '남쪽 변방에 수군은 많이 설치하고 육병陸兵(육군)은 너무 적게 배치했다. 도이島夷(섬오랑캐)는 수전水戰에 능숙한 반면 기전騎戰(말 타고 싸우는 육지 전투)에 서툴고, 우리나라는 기전에 장점이 있어도 수전에는 단점이 있다. 적들이 비록 수전을 잘하지만 우리가 전함으로 맞싸우지 않고 지는 체하며 그들을 육지에 끌어들인 다음 기병으로 공격하면 거의 물리칠 수 있다.' 일본이 쳐들어오면 바다에서 싸우지 말고, 육지에 상륙시킨 다음 제압해야 한다는 판단이다.

이 날 기사는 '경상좌도는 (경북) 영해에서 경주 감포까지 바닷길이 험악하고 섬도 없다. 따라서 비록 수군이 지키더라도 배를 익숙하게 부리지 못하므로 적이 갑자기 공격해오면 방어할 수 없다. 우리는 모름지기 육군을 움직여야만 가진 능력을 잘 발휘할 수 있다.'로 이어진다. 이는, 일본이 임진왜란 직전 100여 년 동안 통일 전쟁을 치르느라 내내 육지 전투를 벌여온 사실을 전적으로 무시한 치명적 오판이다. 일본군들은 (해전 능력은 없는 대신) 공성전攻城戰(성을 공격하는 전투)과 평지전平地戰(평야에서 벌이는 대규모 전투) 경험으로 똘똘 뭉친 유능한 육군이었다.

선조와 조정은 급기야 임진왜란 직전 수군 해체 명령을 내리기에 이른다. 이 기사는 임진왜란 발발 첫날의 기록인 《선조수정실록》 1592년 4월 14일자에 실려 있다. 수군을 없애니 모두들 육군이 되어 적과 싸우라는 명령이다.

기사의 전문은 '해도海道(바다를 끼고 있는 도)의 주사舟師(수군)를 없애고 장사將士(장수와 병사)들은 육지에 올라와 싸우고 지키도록 명령했는데, 전라 수사 이순신이 급히 아뢰기를, "수륙水陸의 전투와 수비 중 어느 하나도 없애서는 안 됩니다." 하고 반대하여 호남의 주사만 홀로 온전하게 되었다湖南舟師獨全.'이다. 수군을 육군에 편입시키기로 결정한 임금과 조정이 경상 좌·우 수사, 전라·좌우 수사 등 수사들에게 수군 해체 명령을 내렸지만9) 이순신이 거부하여 호남 수군만 남게 되었다는 내용이다.

이 기사는 두 가지를 생각하게 해준다. 첫째, '과연 이순신!'이라는 찬탄을 거듭 느끼게 한다. 임진왜란 발발 전에도 이순신이 수군 해체 명령에 불복한 바 있다는 이 일화는 그리 널리 알려지지 않았다.

그에 비하면, 정유재란 초 칠천량 해전 참패로 말미암아 조선 수군이 거의 궤멸되었을 때 선조와 조정이 내린 수군 해체 명령을 이순신이 거부한 것은 국민적 상식이라 해도 무방할 만큼 모두가 아는 사건이다.

이때 이순신은 '상유십이척 미신불사尙有十二隻 微臣不死(아직 12척의 배가 있고 미천한 신도 살아 있습니다.)'라는 말을 남겼다. 임진왜란을 극복하는 데 수군이 절대적으로 필요하다는 점을 어느 누구보다도 정확하게, 또 절실하게 인식하고 있었던 사람이 바로 이순신이었다.

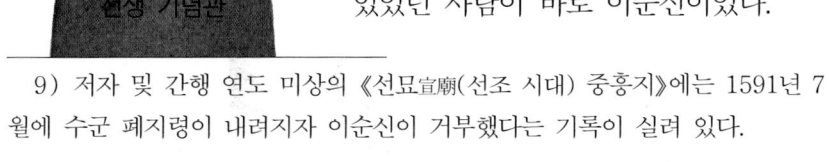
이순신 흉상 / 서울 전쟁 기념관

---

9) 저자 및 간행 연도 미상의 《선묘宣廟(선조 시대) 중흥지》에는 1591년 7월에 수군 폐지령이 내려지자 이순신이 거부했다는 기록이 실려 있다.

둘째, 임진왜란 발발 당시 경상 좌수사 박홍과 경상 우수사 원균의 행동에 대해 약간의 변명을 해줄 여지가 있지 않나 하는 생각이다. 이는 '개전 초기, 경상 좌수사 박홍과 경상 우수사 원균은 장렬히 싸우기는커녕 전함의 밑창을 뚫어 스스로 배를 물속에 가라앉히고 도주했다.'라는 국민적 상식(?)에 대한 조금의 의심에서 출발한다. 전쟁 발발 직전 '수군을 없애니 육군에 들어와 적과 싸우라'는 명령이 내려졌을 때 이순신이 거부함으로써 '호남 수군만 남았다'라는 임진왜란 발발 첫날, 즉 1592년 4월 14일자 수정실록 기사로 볼 때 박홍과 원균의 수군 해체는 임금의 지시에 맹복적으로 따른 졸렬한 행동이 아니었을까 추정해보는 것이다.

《선조실록》 1592년(선조 25) 4월 13일자 기사에 경상 좌병사 이각李珏의 도주 기록이 실려 있다. 동래 읍성 전투 상황을 실록에 처음으로 수록한 이 기사 중 이각 관련 부분은 '(동래 읍성 점령 후) 적은 드디어 두 갈래로 나누어 진격하여 김해·밀양 등 부府를 함락하였는데 병사 이각은 군사를 거느리고 먼저 달아났다.'이다. 그렇게 이각은 임진왜란 최초의 고위직 도망자10)로 역사에 이름을 남겼다. 그 후 이각은 임금이 있는 평양을 향해 달려가던 중 임진강에서 도원수 김명원에게 참형 당한다.

---

10) 그림은 1658년(효종 9)에 그려진 「동래부 순절도」 중에서 백마를 타고 도주하는 이각의 머리 위에 '左兵使좌병사 李珏이각'이 적혀 있는 부분이다. 왼쪽 페이지의 전체 그림 중 '동래부 순절도'의 '도'자 위에 있는 사람이 동래 부사 송상현이다.

박홍은 어떻게 될까? 《선조실록》 1592년 6월 28일자에 실려 있는 김성일의 보고서('좌수사 박홍은 화살 한 개도 쏘지 않고 먼저 성을 버렸다.') 이후 박홍에 대한 논란은 실록에 연거푸 등장한다.

1592년 11월 15일자에는 사헌부 집의 이호민, 장령 이시언, 지평 유몽인이 '요즘의 군정軍情(군대 분위기)을 보면 그릇되게 적의 형세만 과장하고 조정을 경시하여 "내가 뒤로 빠진다 한들 군법이 나를 어쩌겠는가!" 하면서 (중략) 적이 오기도 전에 모두 놀라 도망할 생각만 하고 맞아 싸울 생각을 하지 않습니다. (중략) 지금 군율을 엄하게 밝혀 면모를 일신하지 않으면 앞으로 있을 큰 싸움에서도 전철을 따르게 될까 염려'된다면서 '박홍은 적이 처음 쳐들어온 관할 도(경상좌도)에서 한 차례도 싸우지 않고 천리 밖으로 물러나 있어 남쪽 지방 사람들이 지금까지도 그의 살점을 씹고자 합니다. 하지만 박홍은 그 죄가 이각과 다르지 않은데도 아직껏 참형을 면하여 반년 동안 목숨을 보전하고 있습니다. 형벌이 이러한데 어찌 나라꼴이 유지되겠습니까? 박홍의 죄를 소급하여 군법에 따라 처단하소서.'라는 내용의 차자箚子(간단한 상소문)를 올렸다는 기사가 실려 있다. 이각은 처형되었는데, 같은 죄를 지은 박홍은 처벌 없이 살아 있으니 군대의 기강을 살릴 수 없다는 내용이다.

이들의 차자는 소수 의견이었던 모양이다. 다음날인 11월 16일자 실록은 비변사가 '박홍의 일은 그 당시(전란 발발 초기)에 즉시 처리했으면 모르겠지만 지금은 세월이 오래 지났고, 또 한창 종군하면서 전공을 많이 세우고 있으므로 우선은 너그러이 용서하고 책임을 물을지 여부는 뒷날 결정해야 합니다.' 하고 반대했다는 증언을 전해준다.

1593년 1월 25일, 선조는 또 '도망한 장수를 난리통에 일일이 군법대로 조치할 상황이 못 되어 어쩔 수 없이 백의종군白衣從軍으로 처리했다. 지금은 나라가 처음으로 회복되었으니 군율부터 바로잡지 않을 수 없다.'면서 재차 박홍 처벌을 지시한다.

선조는 '박홍 등 패배한 장수와 도망한 수령으로서 특히 심한 자는 즉시 법대로 처벌하고, 그 아래 죄인들은 비변사에 의견을 묻노라.' 하고 말한다. 비변사는 '임금께서 단호하게 법을 집행하려 하시니, 신들은 진실로 참견하여 말하기 어렵습니다. 다만 박홍이 적을 잘 방어하지 못했을 뿐만 아니라 군사를 버리고 지름길로 후퇴했는데도 조정에서는 이미 백의종군하도록 허락하여 뒷날의 성과를 보기로 했습니다. 지금 박홍이 적을 베고 사로잡은 공이 없지 않은데 이제 와서 (전란 초 경상 좌수사 때 수영을 버리고 도망친 데 대한 처벌을) 시행한다면 임금과 조정의 일 처리가 혼란스럽다는 평만 들을 것입니다.' 하며 또 반대한다.

1년가량 시간이 흐른 1593년 10월 22일, 선조는 또 다시 박홍을 거론한다. 선조는 '왜적들은 비록 소소한 죄라도 반드시 참형에 처하기 때문에 그 군사들이 죽기를 각오하고 적에게 달려든다. (중략) 우리나라는 본래 군율이 엄격하지 못하였는데 전쟁이 벌어진 뒤 더욱 해이되었다. 비변사는 군율에 따라 응당 죽여야 할 사람들을 하나도 법대로 처단하지 않았다.'라고 한탄한다.

박홍을 사형시키고 싶어 했던 **선조의 능** 경기도 구리시 동구릉

죽령 주막촌 박홍은 잠시 죽령을 지켰다.

소백산 제2 연화봉과 도솔봉이 이어지는 잘록한 지점의 해발 689m 고개를 죽령이라 한다. 박홍은 경상 좌수영에서 철수한 뒤 그냥 도주한 것이 아니라 죽령을 지키려 했다. 그는 신립이 조령을 버리고 탄금대에 진을 쳤다가 패전하여 죽었다는 소식을 들은 후 임진강 쪽으로 물러났다. 박홍이 처형을 면한 것은 경상 좌수영에서 떠난 이후 여러 차례 전투에 참전한 덕분이다.

《삼국사기》는 아달라왕 5년(158)에 죽령길이 열렸다고 증언한다. 죽령은 삼국 시대에는 국경 지대였던 탓에 세 나라 장졸들이 뒤엉켜 엎치락뒤치락 불꽃 튀는 전투를 벌였던 피의 싸움터였다. 죽령은 장수왕 말년(470) 무렵까지 고구려가 차지했는데, 진흥왕 12년(551) 거칠부 등 여덟 장수가 백제와 고구려를 동시에 공략하여 죽령 이북 여덟 고을을 빼앗으면서 신라 땅이 되었다. 그 후 40년 뒤인 영양왕 1년(590) 고구려의 명장 온달이 자청하여 "죽령 이북의 땅을 되찾지 못하면 살아서 돌아오지 않겠습니다." 하며 출전한 일도 당시 죽령이 얼마나 요지였는지 알게 해준다. 조선 시대, 늘 번잡했던 이 고갯길에는 길손들의 숙식을 위한 객점, 주막 등이 늘어서 있었다.

'군율에 따라 응당 죽여야 할 사람'인데도 비변사가 '법대로 처단하지 않은' 인물은 박홍을 가리킨다. 선조가 볼 때 '박홍은 경상 수사로서 진鎭(경상 좌수영)을 버리고 평양으로 왔는데도 죄를 주지 않았다.' 선조는 '이런 일이 계속되면 무장한 군사가 100만이 되고 10년분 군량이 있더라도 할 수 있는 일이 없다. 옛사람들도 사람 죽이기를 좋아해서가 아니라 죽이지 않으면 잃는 바가 매우 많기 때문에 마지못해 죽인 것이다.' 하고 못마땅해 한다.

박홍을 예로 들면서 도망자 처형을 주장한 선조의 발언은 1596년(선조 29) 11월 28일자와 1605년(선조 38) 7월 6일자 실록에도 실려 있다. 1605년 7월 6일은 박홍이 부산을 떠난 1592년 4월 15일 이래 13년 반이나 뒤이고, 박홍이 병으로 세상을 떠난 1593년으로부터도 거의 13년의 시간이 경과된 시점이다. 그런데도 선조는 '임진년(1592)에 박홍이 경상 좌수사로서 패강浿江(낙동강)에 와 있었다. 내가 박홍을 처형하고자 두 번 세 번 뜻을 밝혔으나 끝내 시행되지 않았다. 박홍이 방 안에서 천명天命(자연사)을 다한 것을 지금까지 분하게 여기고 있다.'라고 말한다. 같은 해 9월 28일에도 선조는 비슷한 발언을 한다.

선조는 박홍을 끝내 사형시키지 못한 것을 한탄하지만, 조정은 박홍을 이각처럼 즉각 죽이지 않았다. 이각은 단순한 도망자이지만 박홍은 경상 좌수영을 떠난 이래 죽령, 임진강, 파주 등지에서 전투를 준비하거나, 직접 참전했기 때문이다. 또 '박홍은 한창 종군하면서 전공을 많이 세우고 있으므로 (경상 우수영을 버린 데 대한 죄에 대해) 우선은 너그러이 용서하고 책임을 물을지 여부는 뒷날 결정해야 한다.'라는 조정 다수 의견의 덕도 보았다.

조정에 전쟁 발발을 최초로 알린 장수는 적선을 최초로 발견한 부산진 첨사 정발도 아니고, 동래 부사 송상현, 다대포 첨사 윤흥신, 경상 우수사 원균, 경상 감사 김수도 아니었다. 경상 좌수사 박홍이었다.

그는 또 이순신에게도 왜선 350여 척의 침입을 알리는 위급 서신을 4월 15일에 전달했다. 적에 맞서 싸우지 않은 치명적 잘못을 저질렀지만 조정과 전라 수군이 전투에 대비할 시간을 확보할 수 있도록 하는 데에는 나름대로 역할을 했던 셈이다.

박홍의 돌이킬 수 없는 과오는 김성일이 지적했다. 김성일은 박홍이 '화살 한 개 쏘지 않고不發一失 가장 먼저 성을 버렸다首先棄城.'라고 했다. 그렇다면 변명의 여지가 없다. 수군 해체 명령에 따라 배는 버렸더라도 경상 좌수영성에서 끝까지, 육군으로서 당당하게 싸웠더라면 좋았을 텐데……! 그는 그렇게 하지 않았기 때문에, 전쟁에 대비도 하지 않았을 뿐만 아니라 수군 해체 명령까지 내린 자신들의 잘못은 인정하지 않고 패전의 책임을 누군가에게 떠넘기는 데 급급한 선조와 고위 관료들의 표적이 되고 말았던 것이다.

이순신은 여수 진해루(진남관의 전신)에서 전쟁 발발 소식을 처음 듣는다.

앞에서 살펴보았듯이, 박홍은 살아 있는 동안 여러 차례 처형 논란에 휩싸였다. 그래도 다행(?)은 그가 1593년에 일찌감치 병사했다는 사실이다. 살아 있었더라면 내내 '죽여라, 죽이지 마라' 하는 소란에 휘말렸을 것이고, 그것은 오히려 죽음보다도 못한 치욕이었을 터이다.

박홍에 비하면, 전란 초 박홍과 비슷한 행적을 보였던 원균에 대해서는 '죽여라, 죽이지 마라' 논란이 전혀 없다. 죽은 박홍을 두고는 그 뒤로도 13년 동안이나 '박홍이 자연사를 한 것이 지금도 분하다.'라고 되씹은 선조가 원균에게는 아무 말도 없었다…….

왜란 발발 이후 《선조실록》에 원균이 처음 등장하는 것은 1592년 5월 10일자이다. 상황을 살피고 돌아온 선전관 민종신 등을 불러 선조가 '그대들은 들은 것을爾所聞 다 말하라皆言之.' 하고 명하자 민종신은 '원균이 바다로 나아가下海 적선 30여 척을 격파했습니다 攻破賊船三十餘艘.'라고 옥포 승전 소식을 보고한다. '들은 것'을 임금에게 아뢴 것이므로 사실과 다를 수 있겠지만, 민종신은 이순신이 아니라 원균이 왜선 30여 척을 부수었다고 보고하고 있다.

두 번째로 등장하는 원균 기사는 6월 21일자 실록에 실려 있다. 실록은 '대가大駕(임금의 수레)가 이미 서로西路(압록강 방면 피란길)로 들어가자 황해도 이남에서 동래까지 오직 패전 소식만 들려오고 전혀 다른 소식은 없었다.'라고 시작하여 '경상 우수사 원균은 전라 좌수사 이순신과 함께與全羅左水使李舜臣 한산도에서 회합하기로 약속했다.約會閑山島'로 이어진다. '이순신은 원균과 약속하여'가 아니라 '원균은 이순신과 약속하여'라는 표현이 눈길을 끈다. 다만 이날 기사의 본문 자체는 이순신 중심으로 기술되어 있다.11)

---

11) 1592년 6월 21일자 실록의 해당 부분 : 경상 우수사 원균은 전라 좌수사 이순신과 약속하여 한산도에서 만났다. 이순신이 전선 80척을 거느리고 5월 6일 옥포 앞바다로 가니, 적선 30여 척이 사면에 휘장을 두르고 긴 장대에 홍기紅旗·백기白旗들을 현란하게 달았는데, 나머지 왜적들은 육지로 올라가

본문 중에는 '6월 29일 순신과 원균이 재차 노량에서 회합하여 적선 1척을 만나 불살랐다.'라고 기술하여 이순신의 이름을 원균 앞에 내세운 예도 있다. 그렇지만 '7월 6일 이순신이 (전라 우수사) 이억기와 노량에서 만났는데, 원균이 부서진 배 7척을 수리하느라 먼저 와서 정박해 있었다.'라는 한산 대첩 부분의 표현도 원균에게 어느 정도 우호적이다.

전쟁 발발 초기 《선조실록》에 등장하는 원균 기사의 상당수가 그에게 긍정적인 점은 확실히 박홍의 경우와 대조가 된다. 특히 '원균과 이순신이 함께' 임진왜란 초기 조선 수군의 연이은 승전을 이루었다 식으로 기사가 쓰여 있는 점은 주목할 만하다. 국사편찬위원회 《신편 한국사》의 '조선 수군의 승리 요인'을 읽어보자.

> 무모한 침략 전쟁을 일으킨 일본이 임진왜란을 실패로 끝낸 결정적인 요인의 하나가 그들 수군의 패배에 있었다는 사실은 더 말할 필요도 없다 이에 대해서는 일본 학자들의 견해도 동일하다. 예컨대 덕부저일랑德富猪一郞이 풍신수길의 오판으로 일어난 전쟁이 실패할 수밖에 없었던 주요인으로서 조선의 '의병 봉기', '수군의 우세', '명나라 군대의 지원' 등을 지적한 것은 그 한 예이다.
>
> 그러나 무엇보다 중요한 것은 조선 수군이 해상에서 적을 완벽하게 제압할 수 있었던 요인을 밝히는 문제이다.

집들을 불사르고 겁탈하였다. 왜적들은 (우리) 수군을 보고는 노를 빨리 저어 진지를 나와 아군과 바다 가운데서 만났다. 아군이 적선 26척을 불살라 버렸다. 이튿날 다시 큰 싸움을 전개하기로 약속했었지만, 대가大駕(임금의 수레)가 서쪽으로 갔다(한양을 떠나 피란길에 올랐다)는 소식을 듣고는 장수들이 오지 않아, 그냥 모여 통곡하고는 9일에 제각기 본진本鎭으로 돌아갔다.

> 　조선 수군의 총수로 활약했던 이순신이 임진왜란 해전사에
> 서 차지하는 위대한 전공을 가장 높이 평가하는 데에 반대할
> 사람은 없다. 다만 그의 휘하에서 악전고투를 계속했던 수많은
> 수군 장졸들의 역전의 공과 그들의 희생 그리고 수군의 전쟁
> 준비를 뒷받침하기 위해 실전의 군사들 못지않게 고통을 치렀
> 던 연해 지역 민중의 희생을 빼놓고 말한다면 성웅으로 극대
> 화한 이순신의 전공이란 결국 공허할 뿐이다.

　임진왜란 당시 조선 수군의 승리가 이순신 한 사람에 의해 모두 이루어졌다고 말할 수는 없다. '수많은 수군 장졸들, 군사들, 연안 지역 민중들'의 공로와 희생을 잊고 이순신만을 '성웅으로 극대화'하는 인식에 머문다면 그것은 결국 '공허'일 뿐이다. 그런 점에서, 실록의 기술 또한 《신편 한국사》의 인식과 비슷하게 해석해도 될 것이다. 실록은 옥포, 당포, 한산도 등에서의 승리가 이순신, 원균…… 등등 수많은 참전자들의 업적이라고 말하고 있다. 이순신 장군이 주역인 것은 틀림없는 사실이지만 다른 모든 참전자들의 희생과 노고를 무시해서는 올바른 역사 의식을 사회 전반에 뿌리 내리는 데에 도움이 되지 않을 것이다.12)

　원균의 전쟁 초기 활동에 대한 실록의 부정적 기술은 6월 28일자 《선조실록》에 처음 등장한다. 김성일은 '좌수사 박홍이 화살 한 개도 쏘지 않고不發一失 먼저 성을 버렸다首先棄城.'와 '우수사 원균이 군영을 불태우고焚營 바다로 나아가下海 배 한 척만 보전했다只保一船.'라는 내용을 함께 보고한다.

---

12) 우리나라 초등학교에 부지기수로 세워져 있는 이순신 장군 동상도 문제이다. 수준 미달의 동상으로 이순신 장군을 기리는 것은, 그것도 학교마다 비슷한 수준의 동상을 세워놓은 것은, 충무공을 통해 역사 의식을 고취하려는 본래의 교육 목적 달성에 도리어 방해가 될 것이다.

김성일은 '싸우기는커녕 가장 먼저 도망갔다' 식으로 기술한 박홍 부분에 견줘 원균 부분은 상대적으로 덜 부정적으로 썼다. 박홍은 오직 도망자로만 적었지만 원균은 청야淸野 작전을 수행한 것으로 보고했다. 또 도망간 것이 아니라 '바다로 나아갔다.'라고 했다.

김수의 보고 역시 원균에 대해서는 일정 부분 긍정적이다. 김수는 '원균은 수군 대장으로서 여러 장수들을 거느리고 내지內地(육지 안쪽)로 피하면서 관청의 창고를 불살라焚燒官庫 200년 동안 저축한 물자들을二百年所儲之物 하루아침에 없애버렸다一朝敗亡.'에 덧붙여 '남쪽 변방을 침범한 왜적은來犯南邊之賊 수사 원균이 여러 장수들을 거느리고水使元均率諸將 힘을 합해 잡았다合力措捕.'라고 보고했다. 김성일과는 달리 바다가 아니라 내륙으로 피했고, 청야 작전을 수행하기는 했으나 200년 동안 준비해온 군사 물자들을 하루아침에 잿더미로 만들었다고 말한 점에서는 부정적이지만, 왜적들을 물리친 공로도 더불어 보고하고 있다.

더욱이 김수는 '남해의 섬들은 비록 왜적들이 쳐들어오지는 않았으나雖未經賊 군량과 무기를 전라 좌수사(이순신)가 먼저 스스로 불태워버려先自焚燒 이미 빈 성이 되었다已爲空城.'라고 선조에게 아뢴다. 실록을 기록한 사관은 '이 일은 김성일의 보고서에도 나온다此事金誠一書狀中亦有.'라고 해설을 덧붙이고 있다.13) 이 대목은 적의

---

13) 김성일의 장계 중 : 남해는 호남 가까이 있어 왜적이 아직 출현하지 않았습니다. 현령 기효근이 전라 좌수사 이순신에게 통보하기를 '남해현이 적진과 가까우니 왜적이 만약 이곳을 탈취하면 군량이 많기 때문에 오래 주둔하면서 반드시 호남을 침범하려 할 것'이라고 하였습니다. 그 때문에 현령이 바다로 나간 사이에 군관으로 하여금 창고를 다 불태우게 하니, 고을 백성 및 미조항·평산포로 들어왔던 군사들이 다 흩어졌습니다. 현령이 관아로 되돌아오니 빈 성만 남아 있어서 부득이 보리를 거두어 군량을 마련하고 흩어진 군졸들을 수합하여 어렵게 성을 지키고 있는데 왜적이 쳐들어오면 반드시 먼저 무너져 흩어질 것입니다.

침입에 앞서 청야 작전을 펼치는 것은 당시 조선의 기본적인 전술 전략이었다는 사실과, 이순신도 군량과 무기를 '먼저' '스스로' 불 태워버린 데서 알 수 있듯이 원균의 청야 작전도 그 자체가 잘못 은 아니라는 사실을 말해준다. 6월 28일자 실록의 기사에는 원균 을 도망자로 보는 느낌이 발견되지 않는다.

원균은 당시 조선 조정의 주된 인식이었던 '일본 수군은 막강하 다'는 잘못된 생각을 벗어나지 못했고, 그 탓에 일본 수군과 맞붙 었으면 승전했을 수도 있는 기회를 허무하게 놓쳐버렸다. 그는 이 순신는 달리, 수군을 포기하고 육군으로 전환하라는 선조와 조정의 명령에 순순히 복종했다. '여러 진보鎭堡(군대 주둔지)의 모든 장수들 이列鎭堡諸將等 왜적을 보기만 해도 겁을 먹어望之怯怯 앞을 다투어 도망쳐 육지로 올라와 버린 탓에爭相逃命出陸 바다의 군영이 일체 텅 비어버렸습니다海中屯戌一空.'라는 김성일의 보고대로라면 원균도 겁이 나서 육지로 들어온 것이겠지만, 결과적으로 원균은 경상 우 수영의 전함들과 군대를 본래대로 유지하지 못했다.

요약하면, 원균은 (박홍과 마찬가지로) 조정의 수군 해체령에 따라 경상 우수영을 자진 폐쇄했다고 볼 수도 있다. 또한 이순신을 도와 한산 대첩 등을 이루는 데 기여한 점을 높이 살 수도 있다. 하지만 수십 척 판옥선을 스스로 바다에 밀어넣고, 군사들이 흩어지게 한 책임까지 벗어날 수는 없다. 그것이 원균의 한계이다. 선조와 조정 의 잘못된 수군 해체령을 따르지 않았고, 전함과 군사들을 잘 유지 하였으며, 남해 바다에서 왜적을 계속 진압함으로써 나라를 지켜낸 이순신과 대조가 될 수밖에 없기 때문이다.

다만 '원균= 전투를 포기하고 도망친 사람' 식으로 단정할 일은 아니다. 이는 이순신의 《난중일기》가 증언해준다. 《난중일기》는 전쟁 발발 바로 다음날인 4월 15일 저녁에 이미 원균으로부터 왜 군의 침입을 통보받았다고 적고 있다. 그는 비록 수영에서는 철수 했지만 아무 조치도 하지 않고 도망을 치지는 않았다.

그 다음날인 4월 16일에도 이순신은 원균으로부터 부산진 함락 연락을 받고, 4월 18일에도 동래 함락 연락을 받는다. 4월 29일에는 원균 본인의 경상 우수영 함락 소식이 전해진다.

이순신 《난중일기》 초고본

경상 우수영 함락에 관한 연락은 단순히 사실을 통지하는 데에 목적과 목표를 두었을 리가 없다. 원병을 보내 달라, 함께 작전을 펼치자는 뜻이 담긴 연락이다. 도망자가 이렇듯 아군 부대에 줄곧 연합 작전을 제안할 까닭이 없다. 원균에게는 전투 의지가 남아 있었다.

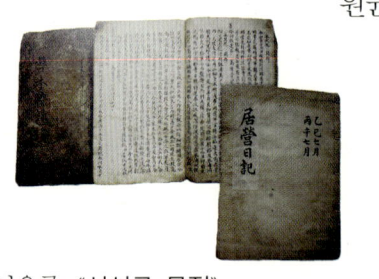

이운룡 《식성군 문적》

원균에 대한 부정적 문장의 하나는 임진왜란 발발 당시 옥포 만호 이운룡李雲龍(1562~1610)의 비명碑銘(묘비의 글)이다. 이운룡 사후 20년 뒤에 이식李植이 쓴 이 비명에는 갖가지 원균 험담이 실려 있는데, 도망치려다가 이운룡의 제지로 멈췄다는 내용도 포함되어 있다.

이운룡 비명의 본론 첫머리는 원균이 배를 버리고 달아나려 할 때 옥포 만호 이운룡이 직속 상관인 그에게 '장군은 나라로부터 중한 임무를 부여받았는데, 의리로 보아 관할 지역을 죽음으로 지켜야 마땅하오.' 하며 제지하는 것으로 시작된다.

이운룡은 계속해서 '지금 우리가 비록 곤경에 빠졌다고 하나 그래도 병력을 모아 지킬 수 있고, 또 호남의 수군은 온전하니 지원을 요청해서 견내량을 막아 적이 거제 서쪽으로 가지 못하게 하면, 남방의 사태를 안정시킬 여지는 아직 남아 있소.' 하고 직언한다.

이운룡은 또

"그런데도 공은 여기를 버리고 어디로 가려 하시오?"

하고 원균을 힐난한다. 원균이 성을 내며 반문한다.

"호남의 군대를 당신이 청해 올 수 있겠소?"

이운룡이 대답한다.

"장군이 내게 명령을 내린다면 어찌 사양하겠소? 다만 율포 만호 이영남이 평소 그쪽 군대와 잘 지내고 있으니 그에게 시키는 것이 더 좋을 것이외다."

원균이 그 말을 따랐다.

이운룡은 의기소침해진 대장 원균을 독려하고, 이순신에게 지원군을 보내줄 것을 요청하자고 제안하여 성사시킨 현명한 부하 장수였다. 다만 원균은 자신이 임진왜란 초 비겁하게 도망쳤다는 비난에 대해 '억울하다!'면서 두 주먹으로 가슴을 칠 수도 있을 듯하다. 하지만 정유재란 발발 당시 삼도 수군 통제사였던 원균은 1597년 7월 16일 칠천량 전투에서 조선 전함과 군사 대부분을 잃음으로써 자신의 전쟁 초기 행적이 낳은 불명예를 회복할 수 있는 기회를 영영 놓치고 말았다.

영천 한천 대첩지 경북 영천시 화남면 삼창리 36

경상 좌수사 박홍과 우수사 원균이 허망하게 전투를 포기했을 때, 두 사람의 바로 아래 장수들은 어떤 태도를 취했을까?

경상 좌수영의 권응수와 전계신은 대장의 도주로 군대가 해산되자 고향으로 돌아가 의병을 일으키자고 의기투합한다. 권응수(1546~1608)는 영천 한천에서 첫 승리를 거둔 후 영천성을 탈환하는 큰 업적을 이룬다. 경주성 탈환 때도 선봉장으로 활약한 권응수는 그 후 경상도 병마사, 공조 판서 등을 역임한다.

대구 파동 일원에서 뛰어난 게릴라전을 펼쳐 '파동 복병장'이라는 별명을 얻었던 전계신(1562~1614)은 전쟁 중 사절단의 일원이 되어 일본에 다녀오기도 한다. 그는 경상 좌수사, 황해도 병마사, 평안도 병마사를 역임했다.

경상 우수영의 이운룡(1562~1610)은 의병을 일으키는 대신 대장 원균을 설득하여 전쟁에 적극적으로 참여하게 한다. 그는 많은 해전에서 공을 세워 1596년 이순신의 추천으로 경상 좌수사가 되고, 종전 이후에는 이순신의 뒤를 이어 삼도수군통제사가 된다.

두 사람의 사례를 보면, 방법은 달랐지만 나라를 위해 자신의 능력을 최대한 활용하고자 했던 장수들의 충정이 느껴진다. '형보다 나은 동생 없다'는 속담이 무색하다.

경북 영천시 신녕면 화남리 659 '권응수 유적'(왼쪽 사진)과 전계신을 기리는 재실 무동재(대구시 수성구 파동 581-129)

낙동강

김해와 부산 사하구 사이를 흘러 바다로 들어간다.
1592년 4월 15일,
동래 읍성을 무너뜨린 일본군은 다대포를 공격했고
남해와 서낙동강으로 뭍에 오른 일본군은 다시 김해로 쳐들어갔다.
사상구 출신 9인 의사를 기려 세워진
「사상 9인 의사 연구 제단」 바로 아래로도
낙동강은 흐른다. 오늘도
임진왜란 선열들은 그 곳에서
일본군들이 오가는 모습을 지켜보고 있다.

부산 사상 9인 의사 연구 제단
400년 이상 이어져온 평민들의 선열 제사

부산 사상구 괘법동 산17-3번지로 오르는 산비탈에 작은 빗돌 하나가 서 있다. 아주 작은데다 빛깔까지 검어 무심코 달리는 운전자의 눈에는 잘 들어오지 않는 빗돌이다. 빗돌에는 '沙上사상九人구 人義士의사戀舊연구祭壇제단 150m 入口입구↑'가 세로로 새겨져 있다. 지난날舊의 사상 9인 의사를 그리워하여戀 만든 제단으로 가려면 150m 올라가라는 설명이다.

사상구 괘법동 산17-3번지
사상 9인 의사 연구 제단을 열성으로 돌본 분들의
이름을 새긴 비에 햇살이 가득하다.

하지만 5m나 갔을까 싶은 지점에서 답사자는 당황하게 된다. '여기는! 개인 소유 (임야) 농원입니다. 관계자 외 출입을 금합니다! 산주 백'이라는 안내판이 눈앞을 가로막기 때문이다.

흰 페인트로 도색된 판자에 출입 금지문을 써둔 이 안내판은 일반 성인의 눈높이 정도 공중에 걸려 있다. 판자 곳곳에 시커먼 못을 쳐서 살아 있는 나무에 고정을 시켰다. 녹슨 대못들에 기댄 죽은 판자의 등짝이 생생한 나무를 고통 속으로 몰아넣고 있는 광경 앞에서 문득 참혹한 느낌을 받는다.

안내판 왼쪽으로 돌계단이 보인다. 개인 소유 농원은 오른쪽으로 가고, 계단을 따라 왼쪽으로 오르면 연구제단에 닿는 모양이다. 그렇다면 출입 금지 안내판을 달아놓은 데에는 아무런 명분도 없다.

150m라고 했으니 가볍게 걸을 만하다. 조금 올라가니 계단이 끝나고 숲 사이에 집이 숨어 있다. 산 속에 웬 집? 사상 9인 의사 연구 제단은 제사를 지내는 단壇이니 저 집이 목적지일 리는 없다. 부산진지성 숲속에서 본 최영 장군 사당이 생각난다. 그렇군! 저 집은 사당인 모양이다. 윤공단 바로 앞에도 사당이 있었지……

가까이 다가서서 보니 과연 '당산 유래'라는 제목의 안내판이 세워져 있다. 괘법동 주민자치위원회와 괘법동 주민센터가 2005년 4월에 세웠다고 한다. 본문을 읽어본다.

이 당산은 마을의 무사 다복多福(복이 많음) 안녕과 풍요를 기원하는 민속 신앙으로, 괘법 주민 공동의 동제洞祭(당산제)입니다. 약 400년 전부터 전해져 내려왔으며, 매년 음력 12월 2일 정오에 지역 주민이 정성껏 제를 올리는 마을의 소중한 문화유산입니다. 이곳에는 할배 할매의 신전, 제단, 제사 용품들이 소장되어 있습니다.

이 제당祭堂(제사 지내는 집)은 사상역 앞 산 위에 있었는데 1972년 이곳으로 옮겨 왔다고 한다. '창날 당산'이라고도 불리는 것은 괘법동의 지명이 창포→ 창법→ 창날→ 동패→ 괘법으로 변해왔기 때문이다.

재미있는 것은 왼쪽의 산신 할배당과 오른쪽의 당산 할매당 제사를 분리해서 지낸다는 점이다. 제사 절차는 동일한데 왜 그렇게 각각 제향하는 것일까? 산신 할배와 산신 할매가 이름으로만 부부처럼 여겨질 뿐 실제로는 별도의 신인 까닭이다.

그냥 시멘트에 페인트로 마감한 벽을 가진 할배당보다 붉은 벽돌 구조를 보여주는 할매당이 훨씬 멋진 품격을 보여준다. 남녀 평등 사회로 진화한 인간 세상의 분위기가 이곳에 지나치게 반영된 결과인가? 그래도 제사는 할배당부터 지낸 다음 할매당을 지낸다고 한다. 그렇게 평균을 낸 것인가?

제당을 둘러보고 나오면 사상구청에서 세워놓은 「사상 9인 의사 연구 제단沙上九人義士戀舊祭壇」 안내판이 곧장 눈에 들어온다.

사상 출신의 젊은이들은 임진왜란 때 부산진과 다대진을 함락한 왜군들이 동래성까지 점령한 후 낙동강을 따라 쳐들어오자 관군이나 의병으로 출전하였다. 임진왜란 7년 간의 전쟁이 끝나고 싸움터에서 생환해 온 아홉 분은 구인계九人契를 조직하여 향리(고향마을)를 복원하면서 전쟁에서 몸을 바친 이웃 분들의 명복을 비는 위령제를 팔경대八景臺가 있는 회산晦山에서 올렸다고 한다.

그 뒤 9인의 뜻을 이어 받은 후손들이 연구계戀舊契를 결성하여 연구 제단을 설치하고 사상 면민의 제향으로 400년 가까이 봉행하여 왔다. 연구 제단은 1974년 산이 깎여 없어지면서 사상역 동쪽 산으로 옮겨졌다.

> 그 후 1988년에 제단의 비석을 새로 세우고 해마다 동래성이 함락되었던 음력 4월 14일이 되면 지역 주민들이 모여 나라를 지키다 희생된 선조들의 얼을 기리고 있다.

연구 제단의 역사와 의의를 간명하게 잘 드러낸 안내문이다. 그래도 《사상 구지區誌》에서 읽은 내용을 조금 더 되새겨 본다.

> 인근 동래성이 함락된 뒤 북상하는 왜군의 경로에 놓여 있었던 관계로 사상 지역은 초토화되었을 것이다. 그리고 전쟁이 계속되는 동안에도 왜군이 낙동강 하류를 통하여 상류나 다른 지역으로 병력이나 군량을 수송할 때에도 많은 피해를 입었을 것이다. (중략) 사상 지역은 임진왜란이 시작해서 끝날 때까지 계속해서 왜군의 점령 하에 직접적인 통치를 받았다.
> 따라서 임진왜란 동안 사상 주민들은 곤궁하기 그지없는 생활을 하였을 것으로 여겨진다. 산속 깊이 피신하기도 하였을 것이며, 식량이 없어 재첩이나 해조류 등을 채집하여 연명하기에 급급하였을 것이다. 일부 주민의 경우에는 왜군의 축성과 같은 부역에 억지로 동원되기도 하였을 것이다. 그렇지만 사상 주민들은 왜군의 억압에 마냥 굴복만 하고 있지는 않았을 것이다. 왜군으로 인한 피해가 큰 만큼 저항도 엄청났을 것으로 생각된다. 이들은 왜적에 맞서 적극적으로 의병 활동을 전개하였던 것으로 보인다. (중략)
> 동래성이 함락된 이후 그 항전에서 살아남은 사람들은 각지에서 의병 활동을 벌였다. 전쟁이 끝난 뒤 녹권錄券(전쟁 공로 표창 내용을 기록한 정부 문서)에 실린 공신은 모두 66명이 된다.

그 뒤 동래 부사로 부임한 이안눌이 (광해군 1년인 1609년) 66명 가운데 두드러진 24명을 선정하였는데, 이를 별전 공신 別典功臣이라 일컫기도 한다.

사상 지역의 주민들도 이들처럼 의병으로서 항쟁을 벌였을 가능성이 있다. 그렇다면 사상 지역 출신이 공신으로 선정될 수도 있었을 것이다. 이것은 단순한 추정이 아니다. 무엇보다도 연구 제단의 존재는 사상 지역 출신의 의병이 존재했음을 단적으로 말해주는 것이다.

현재까지도 사상 지역에서 제사를 지내고 있는 연구 제단은 임진왜란에 참전한 사상 주민 가운데 생존한 9인이 전사한 주민들의 넋을 위로하기 위한 제사가 이어져온 것이고, 실제 그 일부는 공신으로 책봉된 것으로 보인다. 그렇다면 그 제사를 주도한 9인은 바로 사상 출신의 의병이라고 단정 지을 수 있을 것이다.

《사상 구지》의 「사상 지역과 임진왜란」 부분은 '사상 지역은 임진왜란이 발발한 초기부터 종료 때까지 왜군의 지배하에 놓여 있었다.'면서 '주민들이 입은 피해는 이루 표현하기 어려운 정도로 막심했을 것이다.'라고 추정한다.

구지는 '왜군에 맞서 사상 주민들이 전개한 의병 활동은 무척이나 활발했을 것이다. 연구 제단의 존재는 바로 그러한 사상 주민의 철저한 투쟁 의식의 상징이라고 말할 수 있을 것이다.'라고 결론을 내린다.

사상 9인 의사 연구 제단 비

사상 9인 의사 연구 제단

구지의 「연구 제단」 부분은 '연구 제단은 임진왜란에 참전한 사상 주민 가운데 생존한 9인이 전사한 주민들의 넋을 위로하기 위해 매년 제사를 지낸 것이 그 기원'이며, '9인은 모라의 김녕김씨, 덕포의 황씨, 괘법의 김해김씨와 황씨, 감전의 기命씨, 주례의 조趙씨와 변邊씨 등'이라고 설명한다. 하지만 '그 인적 사항을 뒷받침할 만한 근거가 남아 있지 않아서 그대로 믿기는 어렵다고 생각된다.'면서 '9인이 임진왜란에 참전했다는 사실도 기록으로는 확인되지 않는다.'라고 덧붙인다.

　구지는 '그렇다면 어떻게 해서 연구 제단이 지금까지 존속해오는 것일까?' 하고 스스로 묻는다. 이 궁금증에 대해서는 《부산 북구 향토지》에 실려 있는 「연구계 신좌목新座目」이 어느 정도 답변을 해준다. 「연구계 신좌목」은 1810년(순조 10) 8월에 기록된 문서인데, '이 계는 조상님들을 위하여 다시 만든 것'이라면서 '우리 선조님들이 선조宣祖 연간에 실시한 계모임이 지금까지 200여 년인데 이제 개혁하는 것'이라고 말한다. 그러면서 '이름은 그대로 연구계로 하여 한결같이 조상님들의 남긴 뜻을 따르게 하여 후손들이 성심을 다할 것'이라고 맹세한다.

　1922년에 작성된 「임술 연구계 중수 좌안」에도 이와 비슷한 내용이 수록되어 있다. 이 문서는 '처음에는 구인계九人契, 중간에는 구동계舊洞契, 끝에는 연구계가 되었는데 (중략) 옛날 임진왜란을 겪은 뒤 환경이 바뀌고 사람도 드물어 들판에는 슬퍼 우는 통곡소리가 나고, 가문마다 돈독한 친분이 없어져 오직 사귀는 이는 9인뿐이었기 때문에 구인계라 하였다.'라고 전한다.

도로변의 제단 이정표 빗돌

구동계舊洞契라는 용어가 궁금하다. 구동은 옛날 동네라는 뜻이다. 「중수 좌안」은 '태평세월이 오래 지속되면서 마을이 점점 윤택해져 1개면을 총칭하여 대동大洞이라 불렀는데, 동의 경비를 모두 이 계에서 부담했으므로 구동계라 했다.'라고 설명한다.

구동계에 대해서는 「연구계 신좌목」의 증언이 좀 더 자세하다. '임진 전쟁 후 거주하는 백성이 드물었고, (사또가 다른 곳으로 옮겨가고 새 사또가 올 때) 일을 시킬 방법도 없는 형편'이었는데 '신임 사또는 부임해 올 때 밀양 삼랑진에서 본면(사상면) 모라리에 왔다가 읍으로 가고, 구관 사또 또한 그렇게 했다.'

있던 사또가 가고 새 사또가 부임해오면 환송하고 환영하는 데에 경비가 많이 들었다. 그 경비를 구인계가 맡아서 해결했다. 환송 및 환영 행사가 시작되고 100여 년 되는 때부터 그 부담이 (이곳 사상면에서) 북면으로 넘어갔다.

사또를 보내고 맞이하는 송영送迎 경비를 쓰이던 부담하지 않게 된 사상 사람들은 그 행사를 위해 가지고 있던 가마솥, 놋그릇 등을 팔아 토지를 장만했다. 토지에서 나오는 수익으로 재산을 증식했고, 거기서 나오는 돈으로 지역민들의 부역 품삯을 지급했다. 주민들이 그것을 구동계물舊洞契物이라 했다.

구동계는 다시 연구계로 이름이 바뀌었다. 북면 주민들이 (경비 부담이 억울하다는 취지의) 소송을 제기하였다. 사또는 판결을 하면서 '해마다 쌓인 재물을 갑자기 변동 처리할 수는 없다. 본래 옛사람들이 (사또 전임과 부임에 따르는) 민폐를 없애려는 취지에서 한 일이다. 구동舊洞(사상면)의 남은 재물을 백성들의 고통을 막는 데 쓴다면 그것이 어찌 선조들의 본의가 아니겠는가.'라는 취지의 제음題音(판결문)을 내렸다.

그 이후 '구동의 남은 재물은 신동新洞에 따르게 되었고, 이 또한 계를 실시하여 이름을 연구계라 함으로써 조상들이 남긴 뜻을 따르게 하였다.'

김해 국제 공항을 에워싸고 낙동강은 두 갈래로 헤어진다. 서낙동강은 김해 동쪽으로, 동낙동강은 부산 사하구 서쪽을 흐른다. 그래서 공항 일대에는 강서구라는 이름이 붙는다. 동낙동강의 끝은 사하구의 끝, 즉 다대포이다. 사진은 영도에서 바라본 다대포 쪽 풍경이다.

「중수 좌안」도 연구계라는 이름의 의미에 대해 대동소이한 증언을 해준다. 연구는 '자손들이 옛날을 그리워한다는 뜻'이라며 '계의 이름은 (구인계에서 구동계로, 다시 연구계로) 비록 변하더라도 변하지 아니하는 정신은 남는 것'이라고 했다.

구동계 계원의 명부인 좌목座目은 현재 1612년(광해군 4)본, 1623년(인조 1)본, 1629년(인조 7)본, 이렇게 셋이 전해진다. 그런데 좌목에 나오는 사람들 중 황헌, 이춘복, 박세번, 구영취, 황류원, 김련수 여섯 명이 《선무 원종 공신 녹권》에 등장한다.

9인계는 임진왜란 후에 만들어졌다. 앞의 구동계 좌목들은 종전과 시기적으로 크게 차이가 나지 않는 때에 만들어졌다. 즉, 공신록에 등장하는 앞의 여섯 사람들은 구동계의 핵심 활동 인물들이었을 개연성이 높다. 뿐만 아니라 '9인계라는 동계 조직을 처음으로 결성한 것으로 생각된다.(구지)'

구지는 '9인계는 처음부터 조선 후기의 다른 지역에서 광범위하게 찾아볼 수 있는 동계의 성격을 띤 것은 아니었던 것 같다. 황폐화된 사상 지역에서 처음부터 사상 구민들을 동계의 조직으로 이끌어가기는 어려웠을 것이다. 먼저 위령 제단의 설치로 모든 주민의 관심을 모을 필요가 있었을 것이다. 이를 위해 9인 중심의 계를 조직한 것으로 생각된다.'면서 '따라서 9인계의 일차적인 설립 목적은 전해지는 바대로 전사한 동료들의 넋을 위로하기 위한 제단의 설치와 그 운영에 있었던 것으로 보인다.'라고 결론을 내린다.

부산에는 다른 지역에 비해 제단이 많다. 임진왜란 첫 전투 지역이었던 관계로 거의 같은 날짜에 다수의 전사자가 발생했기 때문이다. 1608년(선조 41) 동래 부사 이안눌은 농주산(동래경찰서 자리)에 전망제단戰亡祭壇을 세워 왜란 때 순절한 동래 부사 송상현, 부산진 첨사 정발, 양산 군수 조영규, 동래 향교 교수 노개방을 추모하고 왜적의 총칼에 죽은 이름 없는 백성들의 혼을 달랬다.[14]

---

14) 전망제단은 1925년 동래경찰서가 세워지면서 이제 그 터만 남았다.

그 후 1742년(영조 18) 동래 부사 김석일이 송상현을 기려 송공단을 세웠고, 1765년(영조 41) 다대진 첨사 이해문이 윤흥신을 기려 윤공단을 세웠다. 또 1766년(영조 42) 부산진 첨사 이광국이 정발을 기려 정공단을 세웠고, 1853년(철종 4) 경상 좌수사 장인식이 수영성 선열들을 기려 수영 25 의용단을 세웠다.

전망 제단, 송공단, 정공단, 윤공단, 수영 25의용단과 「사상 9인 의사 연구 제단」의 차이는 무엇인가? 구지에 따르면 '(부산의) 제단들은 대체로 임란 이후 부임한 부사와 첨사들이 순절로 이름난 자기 전임자들을 위해 세운 것인 반면, 사상 9인 의사 연구 제단은 지역 주민이 중심이 되어 자기 지역 출신의 무명 용사들을 피봉사자彼奉祀者(제사에 받들어지는 이)로 삼았다는 상이점이 있다.'

사상 9인 의사 연구 제단

그 결과 동래 부사, 부산진 첨사, 다대진 첨사 등이 세운 유명 제단들은 변함없이 관청의 지원을 받으면서 선열 제향 장소로서 격에 어울리는 대접을 받아왔다. 그에 비해 사상 9인 의사 연구 제단은 1740년(영조 16)에 편찬된 《동래부 읍지》에도 실리지 못했다. 사상 9인 의사 연구 제단의 피봉사자가 송상현, 정발, 윤흥신 등 다른 제단의 선열들에 비해 순절의 정도가 낮은 탓이기도 하겠지만, 설립 주체의 신분이 낮은 까닭 때문이기도 할 것이다.

하지만 사상 9인 의사 연구 제단은 400년도 더 지난 현재에 이르기까지 후손들이 정성을 들여 제사를 모시고 있다. 설립에 관이 개입하지 않았고, 운영도 주민들끼리 서로 도와가며 살아가는 향약鄕約 차원에서 이루어져온 보기 드문 선열 현창 공간, 그곳이 바로 사상 9인 의사 연구 제단이다.

그런 까닭에, 다른 어느 곳 이상으로 이곳을 찾는 답사자들의 마음은 진지하다. 사상 구청에서도 큰 관심을 기울이고 있다. 물론 불변의 존경심과 애정으로 이 제단을 가꾸고 쓰다듬는 후손들도 여전하다.

제단의 중심에 「사상 9인 의사 연구 제단」 비석이 서 있다. 비석은 낙동강을 바라보고 있다. 임진왜란 때 왜적들이 배에 군사들과 군량미를 싣고 오갔던 바로 그 물길이다. 적들은 사상 9인 의사 연구 제단 아래 들판에서 배에 오르고 타면서 우리 백성들을 학살했다. 그 정경이 눈에 선한 듯 「사상 9인 의사 연구 제단」 비석은 오늘도 비바람과 눈보라에 시달리며 자리를 지키고 있다.

「사상 9인 의사 연구 제단」 비석 옆에는 작은 기념 빗돌이 자리를 잡고 있다. 제단을 가꾸고, 연구계를 이끌어가는 일에 큰 노력을 기울였던 분들을 추모하는 빗돌이다. 돌에 새겨진 내용을 이 글에 실어 「사상 9인 의사 연구 제단」에 가보지 못했거나, 참배를 했다 하더라도 이 빗돌에 새겨진 글을 온전히 읽어보지 못한 분들을 위한 작은 도움이 되고자 한다.

오랜 역사와 전통에 빛나는 사상 연구계
– 여기 숨은 공로자의 이름을 새긴다.

　그 옛날 우리나라의 운명이 위급했던 임진왜란을 싸워 이기며 내 향토를 끝끝내 지켜 주시느라 앞장선 무명의 의병 용사 아홉 분의 넋이 서린 사상 연구계– 이 시조 어르신들을 사상 팔경 아름다운 연구 제단에 모시고 실로 380여 년의 오랜 역사와 깊은 전통을 이어온 이 고장 우리 조상님들의 그 피맺힌 충성! 그 굳은 의리로 하여 맺어진 불굴의 단결심과 향토애야말로 이 민족사와 더불어 영원불멸할진대 오늘 우리 모두가 그 드높은 얼을 기리며 다시 되새기는 추모의 의식을 경건히 올리게 된 이 엄숙한 자리를 빌어 그 동안 초야에 파묻힌 채 그저 묵묵히 우리 연구계를 위하여 평생토록 애쓰시다 이 세상을 떠나신 분들의 이름을 이 돌에 새겨 그 명복을 길이 빌고자 한다.

　　崔振翼최진익 1978년 음력 　9월 25일 졸
　　韓英道한영도 1979년 음력 12월 20일 졸
　　沈華震심화진 1976년 음력 　9월 12일 졸
　　具宗泰구종태 1981년 음력 　8월 29일 졸
　　金泰鎬김태호 1986년 음력 10월 29일 졸
　　裵大吉배대길 1980년 음력 　2월 16일 졸
　　鄭鍵兆정건조 1984년 음력 　4월 20일 졸

　빗돌 뒷면에는 사상 팔경沙上八景이 소개되어 있다. 본래 사상 9인 의사 연구 제단이 회산의 팔경대八景臺 옆에 있었기 때문이다. 그러나 도시 확장에 휩쓸려 회산도 팔경대도 자취를 잃었고, 다만 사상 9인 의사 연구 제단만 이곳으로 옮겨져 보존되고 있다. 사상이 자랑하는 팔경이 어떤 곳인지 빗돌의 글자를 읽으며 알아본다.

九德朝霧
구덕산에 서리는 새벽 안개
遠浦歸帆
멀리 포구로 돌아오는 돛단배
平沙落雁
넓은 모래밭에 내려앉는 기러기
七月蟹火
게를 잡기 위해 밝힌 7월의 횃불
八月蘆花
팔월에 피어난 물가의 갈대꽃
西山落照
서산으로 넘어가는 황혼 햇살
雲水暮鐘
운수사의 저녁 종소리
金井明月
금정산에 떠오르는 밝은 달

빗돌에는 한자뿐이지만 국역시를 덧붙였다. 더 많은 이들이 빗돌에 새겨진 뜻을 알아볼 수 있도록 하는 데 일조하려는 무모한 충정의 결과이다. 누군가가 나의 엉성한 번역을 바탕으로 좀 더 멋진 한글 시를 창조해낼 수 있으리라.

마지막으로, 팔경에 하나를 더 보태어 구경을 만들어 본다. 팔경의 마지막 행을 다음과 같이 장식하면 어떨까. 실제로도 사상 9인 의사 연구 재단은 주변만 잘 정리하면 낙동강 방향으로 멋진 전망을 즐길 수 있는 곳에 자리잡고 있다.

戀舊展望
지난날을 잊지 않으니 앞날이 보이네

충렬사 사당 내부
부산광역시 동래구 안락동 421-33

부산 충렬사
입구에서 병사들이 교육을 받고 있다.

부산 **충렬사**
신분 차별 없이, 의사들을 모두 모시는 정신

　부산광역시 동래구 안락동 421-33의 충렬사忠烈祠는 임진왜란 당시 부산에서 순절한 분들을 모시는 사당이다. 사당 건물은 본전本殿이라 하는데, 본전과 의열각에는 선열 스물세 분, 의병 예순두 분, 수를 헤아릴 수 없는 무명 용사들 등 모두 93위의 신위를 모시고 있다. 본전은 충렬사 경내의 가장 높은 지점, 의열각은 그 바로 아래에 자리잡고 있다.

　따라서 충렬사를 방문했을 때 본전부터 참배할 수는 없다. 답사자는 자연스레 외삼문 밖 넓은 광장의 「송상현宋象賢공公 명언비名言碑」를 가장 먼저 보게 된다. 1982년에 건립된 이 비석에는 '戰死易 假道難' 여섯 글자가 새겨져 있다. '전사이 가도난', 싸워서 죽기는 쉬워도 길을 빌려주기는 어렵다는 뜻이다.

　비석의 한자 사용에 대해 그리 못마땅해 할 것은 없다. '戰死易 假道難'은 1592년 4월 15일 '戰則戰矣전즉전의 不戰則假道부전즉가도'라고 쓴 나무판자를 성문 앞에 보내온 일본군에게 송상현이 보낸 답서이기 때문이다. 한글로 쓰면 일본군이 읽지 못한다.

149

충렬사 외삼문을 들어서면 오른쪽에 소줄당昭崒堂, 왼쪽에 기념관이 있다. 소줄당은 본래 이곳에 있었던 안락 서원의 강당으로, 충렬사가 부산광역시 유형문화재 7호로 지정을 받는 데 근거가 된 유적이다.

소줄당이라는 당호堂號(집 이름)에는 임진왜란 선열들의 충절이 해와 달보다도 밝고, 태산보다도 높다는 뜻을 담고 있다. 한유의 「이제송夷齊頌」에 나오는 '소호일월昭乎日月 부족위명不足爲明 줄호태산崒乎泰山 부족위고不足爲高'에서 따왔다. 소줄당 기둥에는 동래 부사 권이진權以鎭의 글이 주련柱聯으로 붙어 있다.

使君忠節冠千齡
부사(송상현)의 충절은 천년에 뛰어났는데

古廟秋風木葉零
옛 사당에 가을바람 불어 낙엽이 지는구나
精返雲天添別宿
넋은 하늘로 돌아가 별이 되고
氣成河嶽護生靈
기개는 강과 산이 되어 백성들을 지키누나
深羞徹地何年雪
깊은 부끄러움 땅에 사무치니 언제나 씻으려나
怒髮衝冠一夜星
성난 머리카락 관을 찔러 밤새 잠 못 이루네
試上萊山山上望
짐짓 래산에 올라 정상에서 바라보니
蠻煙萬縷至今腥
오랑캐의 연기가 아직도 만 가닥 자욱하네

부산시가 발간한 《충렬사》에 따르면, 1605년(선조 38) 동래 부사 윤훤尹暄은 동래 읍성 남문 안에 충렬공忠烈公 송상현을 모신 송공사宋公祠를 세우고 매년 제사를 지내기 시작한다. 송공사는 1624년(인조 2) 이민구李敏求의 건의로 '忠烈祠충렬사'라는 사액을 받고, 부산진성에서 순절한 충장공忠壯公 정발 장군을 함께 모시게 된다.

고려 '무신 정권'이 문관과 무관을 극심하게 차별한 데서 비롯되었다는 사실은 널리 알려져 있다. 부산진 첨사 정발과 다대포 첨사 윤흥신을 충렬사에 모시는 일을 놓고도 한때 문무 차별 의식이 재현되었다. 임진왜란이라는 엄청난 국난을 겪고도 무신을 낮춰보는 인식이 여전했다니 믿기 어렵지만, 그 일은 종전 후 불과 113년밖에 지나지 않은 1711년(숙종 37)에 일어났다.

동래 부사 권이진權以鎭이 '서원에는 문신 위주의 배향이 교육상 바람직하므로 별사別祠(별도의 사당)에 정발을 모시고 별사의 교수 노개방을 서원(사당)에 배향하는 것이 좋겠다.'라는 상소를 올린다.

어째서 서원의 사당에 문신만 모시는 것이 교육상 바람직한지 오늘날의 시각으로 보면 잘 이해가 되지 않지만, 정발을 별사에 모시고 교수 노개방을 부사 송상현 옆에 모시는 일이 그 이듬해인 1712년에 성사된다.

1735년, 경상 감사 민응수閔應洙가 '서원에 무신인 유응부兪應孚(사육신의 한 사람)를 모신 예가 있다.'면서 '순절한 사람에게까지 문무 차별을 하는 것은 옳지 않으므로 별사에 모신 무신들도 래산萊山서원(안락서원)으로 옮기는 것이 온당하다.'라고 상소한다.

부산진 첨사의 갑옷과 투구

이듬해인 1736년, 별사가 없어지고 정발이 안락서원 사당에 모셔진다. 1766년, 조엄이 '대대 첨사 윤흥신의 공적이 《징비록》을 비롯한 곳곳에 기록되어 있음에도 충렬사에 향사되지 않은 것은 부당하다.' 하고 임금에게 호소한다. 이에 윤흥신의 위패도 사당에 배향配享(더불어 모셔짐)된다.

1652년(효종 3), 충렬사는 지금 자리로 옮겨진다. 이때 강당(소줄당)과 동재, 서재를 지어 안락서원安樂書院이라 했다. 드디어 사우祠宇(사당)와 서원의 기능을 두루 갖추었다.

그 후 1709년(숙종 35), 충렬공 송상현과 충장공 정발이 순절할 때 함께 전사한 양산 군수 조영규趙英圭, 동래 교수 노개방盧蓋邦, 유생 문덕겸文德謙과 양조한梁潮漢, 비장 송봉수宋鳳壽와 군관 김희수金希壽, 겸인 신여로申汝櫓, 향리 송백宋伯, 부민 김상金祥 등의 위패를 모신 별사를 옛 송공사 터에 건립하였다.

다시 1736년(영조 12), 별사에 모셨던 분들을 충렬사에 합향合享(함께 제사 지냄)했다. 1772년(영조 48)에는 윤흥신尹興信 공도 모셨고, 임진왜란 때 충렬공과 충장공을 따라 순절한 금섬金蟾과 애향愛香을 위해 충렬사 동문 밖에 사당(현재의 의열각)을 세웠다.

충렬사는 대원군의 서원 철폐령을 맞아서도 훼철되지 않았다. 하지만 1978년의 이른바 '정화 사업' 때 현재와 같은 9만 5119㎡의 면적과 건물들로 확장되면서 본래의 모습을 모두 잃어버렸다. 다만 충렬사, 안락서원, 소줄당의 현판만이 남아서 지난 역사를 온몸으로 웅변하고 있을 따름이다. 소줄당의 기능은 충렬사 정문 바깥에 2010년 건축된 '충렬사 안락서원 교육회관'이 대신하고 있다.

기념관은 소줄당과 마주보고 서 있다. 기념관에는 임진왜란 당시의 전투 상황을 엿보게 해주는 기록화들과, 선열들이 남긴 서적 및 유품 102점이 보관되어 있다.

기념관에 들어서면 1760년(영조 36)에 동래 부사 홍명한이 변박卞璞을 시켜 부산진성 개전 상황을 그린 「부산진 순절도釜山鎮殉節圖(보물 391호)」와, 1709년(숙종 35) 동래 부사 권이진이 쓴 화기畵記(그림에 붙은 설명)가 전해지는 「동래부 순절도東萊府殉節圖(보물 392호)」의 영인본부터 먼저 보게 된다. 전국 곳곳의 임진왜란 관련 현창 시설에 가면 쉽게 볼 수 있는 이 두 그림의 원본은 육군사관학교 박물관에 보관되어 있다. 이 두 그림이 워낙 대중에게 알려진 것이기 때문에 기념관 안 첫머리에 게시해둔 것이다.

변박

변박卞璞(?~?)의 자는 탁지琢之, 호는 술재述齋이다. 흔히 화가로만 알려져 있지만, 동래에서 태어난 그는 동래부의 치안과 군사 업무를 관리하는 무청武廳의 최고 책임자인 천총千摠 등을 역임한 무인이었다.

변박이 화가로서 이름을 얻게 된 것은 1763~1764년 일본에 오간 통신사 정사 조엄趙曮이 그의 재능을 알아보고 동행시킨 결과이다. 변박은 일본의 새로운 문물을 글과 그림을 남겼는데, 일본 시즈오카靜岡 현의 청견사淸見寺에는 변박이 1764년에 지은 오언율시「제청견사용전운題淸見寺用前韻」이 지금도 보관되어 있다.

변박의 대표작은 정발의 부산진 전투와 송상현의 동래성 전투 상황을 그린 1760년 작「부산진 순절도釜山鎭殉節圖」와「동래부 순절도東萊府殉節圖」이다. 또 1783년 작「초량 왜관도」는 왜관의 구조와 배치를 후대인들이 상세히 알 수 있도록 해준다.

그 외에 변박이 남긴 작품으로는 「송하호도松下虎圖(1764년 작, 일본인 개인 소장)」, '동래 독진 대아문' 현판 글씨(1765년 작, 금강원 소재),「유하마도柳下馬圖(1779년 작, 일본 다카마쓰 법연사 소장)」등이 있다. 왼쪽 사진은 변박이 일본에 오가는 광경을 지켜 본 오륙도의 원경이다.

그 밖에도 기념관에는 1978년 정화 사업 때 제작된 거대 기록화들이 다수 걸려 있다. 사건이 일어난 시간의 순서에 따라 소개하면, 부산진 전투의 「부산 분전 순국도」, 동래 읍성 전투의 「내성(동래성) 수사守死(죽음으로 지킴) 결의도」, 「동래 보국 충정도」, 「동래 민중 분전도」, 다대포 전투의 「다대진성 결전도」, 수영성 의병들의 「수영 유격 전투도」 등이 바로 그들이다.

기념관에는 기록화들 외에도 여러 가지 유품들과 서적들이 진열되어 있다. 특히 눈길을 끄는 것은 동래 부사, 부산진 첨사, 다대포 첨사가 입었던 갑옷과 투구들이다. 동래 부사 송상현, 부산진 첨사 정발, 다대포 첨사 윤흥신이 직접 입고 썼던 바로 그 갑옷과 투구는 아니지만 18세기에 제작된 것이어서 세 분의 갑주와 대동소이한 모양일 것으로 여겨진다. 과연 부산진 첨사의 갑주는 빛깔이 검다. 진열된 갑주를 보노라면 정발 부산진 첨사의 별명이 '흑의 장군'이었다는 사실이 저절로 연상된다.

기념관 안에서는 충렬사, 안락 서원, 소줄당의 현판들도 볼 수 있다. 현대식 건물에 붙어 있는 것들을 볼 때와는 사뭇 다른, 저절로 마음을 숙연하게 만들어주는 고색창연한 현판들이다.

내성 수사 결의도

송상현 명언비 "싸워서 죽기는 쉬워도 길을 빌려주기는 어렵다"

또 1741년(영조 17) 임금이 송상현을 좌찬성에 추증하면서 내린 교지, 1717년(숙종 43), 1750년(영조 26), 1832년(순조 32) 송상현의 충절을 치하하여 내린 3종의 제문祭文들도 있다.

서책들도 다수 진열되어 있다. 《천곡 수필泉谷手筆》은 송상현이 성리학을 연구하여 직접 집필한 책으로, 그의 친필로는 현존 유일의 것이다. 송시열이 1655년(효종 6) 송상현의 일대기로 집필한 《충렬공 행장》, 송상현이 순절 직전 아버지에게 남긴 시를 서예가 윤봉구가 1756년(영조 32)에 새로 쓴 《천곡 결서泉谷訣書》, 1818년(순조 18)에 동래 부사 박기수가 동래성에서 순절한 이들의 약전을 적은 다음 그 감회를 시로 나타낸 《래성감고시록萊城感古詩錄》, 송공단·정공단·윤공단 등의 연혁과 규모 등에 대해 자세히 기록되어 있는 《동래 부지東萊府誌》 등도 있다.

기념관을 둘러본 뒤 다시 계단을 오르면 오른쪽에 '정화 기념비', 왼쪽에 의열각義烈閣이 있다. 정화 기념비는 애써 찾을 일이 없고, 의열각 앞으로 다가선다. 의열각 앞 안내판에는 '(의열각은) 임진왜란 당시 나라를 지키기 위하여 싸우다 순국한 의녀義女들을 모신 사당이다. 동래성 전투에서 왜적과 기왓장으로 싸웠던 무명의 두 의녀와, 당시의 동래 부사 송상현 공과 부산진 첨사 정발 장군을 따라 순절한 금섬金蟾, 애향愛香 두 열녀 등 모두 네 분의 위패를 모시고 있다.'라고 설명하고 있다.

사당 앞 향로에서 묵념을 한 후 돌아선다. 한참 높은 곳에는 정당正堂 충렬사가 마치 답사자를 내려 보는 듯 서 있다. 여성 네 분을 제향하는 별사 의열각보다 한 단계 높은 위치에 있는 충렬사에는 남성 선열들만 모셔져 있다. 그렇게 된 것은 1978년의 '정화 사업'이 지닌 남녀 차별 의식의 한계이기도 할 터이고, 그보다 전인 1772년에 금섬과 애향을 충렬사에 바로 모시지 않고 사당을 별도로 건립하여 제향한 때문이기도 할 터이다.

충렬사에는 충렬공 동래 부사 송상현, 충장공 부산진 첨사 정발, 다대포 첨사 윤흥신 세 분을 수위首位(가장 높게 모셔진 신위)에 모시고 있다. 수위 자리 좌우 바로 뒷줄에 부산진 전투, 다대포 전투, 동래성 전투, 부산포 해전에서 전몰한 무명 용사들을 기리는 위패도 함께 놓여 있어 참배객들의 가슴을 뭉클하게 한다. 21세기 민주주의 사회에서도 나라의 주인다운 대우를 받지 못하고 있는 평민들의 위패가 충렬사에서는 존귀하게 대우받고 있는 것이다.

　무명 용사들의 위패와 나란히 서편에 배위配位(수위와 더불어 모신 위패)되어 있는 신위들은 정운鄭運, 노개방盧蓋邦, 윤흥제尹興悌(다대포 첨사 윤흥신의 이복동생), 양조한梁潮漢, 송봉수宋鳳壽, 송백宋伯의 것이고, 동편의 신위들은 조영규趙英圭, 이정헌李庭憲, 문덕겸文德謙, 신여로申汝櫓, 김희수金希壽, 김상金祥의 것이다.

충렬사 사당

동서 열여섯 배위 좌우로 다시 일흔 신위가 종위從位(뒤따라 모셔진 위패)되어 있다. 39위가 모셔져 있는 서편을 살펴보면, 부산 출신으로 임진왜란 종전 뒤 선무 원종 공신宣武原從功臣으로 책봉된 66인 중 특별히 의병으로서 큰 공을 세운 스물네 분의 별전 공신別典功臣, 즉 김정서金廷瑞, 정승헌鄭承憲, 문세휘文世輝, 정순鄭順, 김일개金一介, 김일덕金一德, 송창문宋昌文, 김근우金根祐, 강개련姜介連, 김흘金屹, 이언홍李彦弘, 김대의金大義, 오홍吳鴻, 박인수朴仁壽, 김달金達, 송남생宋南生, 김기金琦, 황보상皇甫祥, 이응필李應弼, 송계남宋繼男, 이복李福, 오춘수吳春壽, 김복金福, 송의남宋義男 선열의 위패를 볼 수 있다. 스물네 분의 별전 공신은 1609년(광해군 1) 동래 부사로 부임해온 이안눌이 지역 원로들의 의견을 물어 선정했다.

수위와 배위의 동쪽으로 모셔져 있는 서른한 분 종위들을 살펴본다. 서른한 분 중에는 수영성 일대에서 의병 활동을 펼친 김옥개金玉戒, 이희복李希福, 정인강鄭仁彊, 최한손崔汗孫, 최송엽崔松葉, 최한련崔汗連, 최수만崔守萬, 최막내崔莫乃, 박지수朴枝樹, 최끝량崔㐫良, 김팽량金彭良, 김달망金達亡, 박응복朴應福, 김덕봉金德奉, 심남沈南, 이실정李實貞, 김허농金許弄, 정수원鄭壽元, 주난금朱難金, 박림朴林, 김종수金從守, 이수李壽, 이은춘李銀春, 신복辛福, 김진옥金進玉, 즉 '수영 25 의용인義勇人'이 포함되어 있다.

그 옆으로는 임진왜란 중 의병을 일으켜 왜적과 싸운 동래 지역 선열들 가운데 미처 충렬사에 모셔지지 못했던 분들 중 1996년에 세 분, 2003년에 한 분, 2007년에 한 분을 추가로 제향한 위패가 모셔졌다. 박귀희朴貴希, 구영취具榮鷲, 이위李瑋, 김망내金亡乃, 이응원李應元, 바로 이 다섯 분이다.

사당에는 또 1991년 9월 10일 합사된 정철丁哲, 정린丁麟, 문택룡文澤龍, 박경립朴擎立, 김호의金好義, 김사위金士偉, 박천추朴天樞, 정호인鄭好仁, 문도명文道明, 정언룡鄭彦龍, 이성춘李成春, 이춘상李春祥, 송용경宋龍景 등 열세 분의 선열도 함께 모셔져 있다.

놀라운 것은 송상현의 시신을 찾아 제사를 지낼 수 있도록 한 동래부의 종 철수와 만동의 위패도 함께 모셔져 있다는 사실이다. 《충렬사》는 별전 공신 중 박인수가 관노官奴(관청의 노비)인데도 군자감軍資監(군수품 관리청) 주부(종6품)에 증직贈職(죽은 후 내려진 명예 벼슬)되었다고 증언하고 있다.

동쪽 종위에도 종이 모셔져 있다. 용월龍月이다. 용월은 부산진 첨사 정발 장군이 전사할 때 곁에서 끝까지 싸우다가 함께 순절한 인물로, 관노였다. 뿐만 아니라, 정발을 기려 세워진 정공단(기념물 10호)에도 용월을 추모하는 비석이 세워져 있다. 충렬사 본전에 용월이 제향되고 있는 것이 우연이 아니라는 뜻이다.

당연히 송상현을 모시는 송공단(기념물 11호)에도 철수와 만동을 기려 세워진 비석이 있다. 철수와 만동 역시 우연히 충렬사에 모셔진 것이 아니라, 충절의 정신을 보여준 선열이면 신분과 관계없이 숭앙하겠다는 시대 정신의 표상으로 기림을 받고 있는 것이다.

동래 24공신 공적비

충렬사 본전을 참배한 후 계단으로 내려오지 않고 서쪽으로 나가면 머잖아 '임란 24공신 공적비'를 참배할 수 있다. 1988년에 세워진 이 비에 귀한 이름을 올린 분들은 조금 전 사당에서 뵈었던 선열들이다. 잠시 묵념을 하고, 지금까지 충렬사 경내를 순회하면서 들렀던 길을 생각해본다. 송상현공 명언비- 외삼문(충렬문)- 소줄당(안락 서원 강당)- 기념관- 내삼문(현판 없음)- 의열각- 본전의 순서대로 다녔고, 이윽고 24공신 공적비에 닿았다.

이제 답사를 마치고 내려가야겠다. 낮은 쪽으로 난 오솔길을 걸으면 관리 사무소와 그 옆의 의중지義重池로 간다. 관리 사무소 아래의 작은 연못은 1978년에 조성되었는데, 의중지라는 무거운 이름은 1990년에 얻었다. 옳을 의義와 무거울 중重을 결합시켜 못 이름을 정한 까닭은 굳이 따져보지 않아도 짐작이 된다.

송상현공 명언비 앞으로 돌아오니, 커다란 나무그늘 아래에 병사 10여 명이 두 줄로 도열해 있다. 병사들은 해설사의 말에 귀를 기울이고 있다. 충렬사 참배에 앞서 사전 교육을 받는 모양이다. 임진왜란을 당해 부산 지역에서 순절한 선열들을 모신 곳에 병사들이 찾아온 것은 당연한 일이리라. 나도 슬그머니 그늘 아래로 들어가서 해설사 선생의 말씀을 한번 들어볼 거나.

송담서원, 사충단 경상남도 기념물 99호, 김해시 동상동 161
임진왜란 최초 의병들의 순국을 기리는 경건한 공간

송담서원, 사충단 1592년 4월 13일, 부산 앞바다에 대규모의 일본군 전함이 나타났다. 4월 14일, 일본군은 부산진성을 공격하여 함락시켰고, 그 다음날(4월 15일)에는 동래 읍성도 무너뜨렸다. 다대포진(첨사 윤흥신)도 버텨낼 수 없었다. 김해는 다대포 바로 옆에 있다.

4월 14일 부산에 상륙한 침략군 1군은 경남 밀양과 대구를 거쳐, 4월 18일 상륙한 2군은 울산과 경북 경주를 거쳐, 3군은 경남 김해와 경북 성주를 거쳐 한양으로 진격했다. 1군이 밀어닥친 밀양과 대구, 2군이 쳐들어 온 울산과 경주는 저항도 없이 그냥 무너졌다. 미처 의병도 일어나지 못했다. 그러나 3군이 노린 김해는 달랐다. 관군은 오래 버티지 못하고 성을 버렸지만 의병이 일어나 적에 맞섰다. 송담서원과 사충단이 그 역사를 증언한다.

김해 송담서원, 사충단
임진왜란 최초 의병, 누군지 아십니까

    1958년, 김해에 살던 마흔셋의 박해수 농부는 골똘히 생각에 잠긴다. 그는 김해 들판이 가을걷이를 끝내고 나면 황량한 모습으로 겨우내 버려지는 것이 안타까웠다. 그는 '한겨울에도 싱싱한 채소를 먹을 수 없을까?' 하는 궁리에 빠졌다.
    겨울 배추부터 실험적으로 재배를 해 보았다. 빈 밭 한쪽 구석에 배추씨를 뿌렸고, 싹이 트는 길로 포기마다 기름 먹인 창호지를 정성 들여 씌웠다. 정월 대보름이 지나자 놀랍게도 배추는 김장감으로 쓸 수 있을 만큼 튼실하게 자랐다. 용기를 얻은 그는 이듬해 11월에는 고추, 오이, 가지 등의 겨울 재배도 시도했다. 마침내 그는 기둥을 세우고 두터운 비닐을 씌운 이른바 '비닐 하우스 농사'를 국내 최초로 시도해서 성공했다.
    뿌리깊은나무가 1983년에 펴낸 《한국의 발견》은 박해수 농부의 실험 정신을 두고 '(우리)나라 영농 기술의 혁명'이 됐다고 평가한다. 채집 생활을 하던 구석기 시대를 벗어나 사람들이 처음으로 농사를 짓기 시작한 일을 두고 '신석기 혁명'이라 하듯이, 비닐하우스 농법의 개발은 우리나라 농업의 신세계를 연 혁명으로 인정해야 할 정도로 훌륭한 업적이었다는 뜻이다.

비닐하우스 농업만이 아니라 임진왜란 때 일어난 의병도 김해가 최초였다. 예나 제나 김해는 서낙동강을 사이에 두고 부산과 붙어 있는 지역이다. 현재의 부산광역시 강서구는 임진왜란 당시 김해 소속이었다. 김해가 부산 침탈에 성공한 일본군의 바로 다음 목표가 된 것은 당연한 일이었다.

일본군은 4월 14일의 부산진과 15일의 동래성 전투를 모두 몇 시간 만에 끝내었다. 1군의 승리 기세를 몰아 2군은 동쪽의 울산·경북 경주, 3군은 서쪽의 김해·경북 성주 방면으로 나누어 북상했다. 1군은 가운데의 경남 밀양·경북 청도·대구로 갔다.

18일 상륙 후 경주 쪽으로 간 2군은 가등청정加藤淸正(가토 기요마사)의 약 2만 8,800여 대군이었다. 김해로 몰려온 흑전장정黑田長政(구로다 나가마사)의 3군은 2군보다는 적었지만 여전히 1만 3,000여 대군이었다. 가장 먼저 상륙하여 부산진과 동래성을 점령한 소서행장小西行長(고니시 유키나가)의 1군도 약 1만 8,700여 명이었다.

1592년 4월 13일자 《선조실록》은 '(적이 밀려오자 경상좌도) 병사 이각은 군사를 거느리고 먼저 달아났다, 200년 동안 전쟁을 모르고 지낸 백성들이라 각 군현郡縣들은 풍문만 듣고도 놀라 무너졌다.'라고 기록하고 있다.

경상 좌병영성 울산시 중구 동동 51-15

임진왜란 당시 경상 좌병영은 울산, 우병영은 합포(마산)에 있었다.

김해도 예외가 아니었다. 전투를 지휘해야 할 수령 김해 부사와 부장격인 초계 군수는 승산이 없다고 판단되자 제각각 줄행랑을 쳤다.

김해 읍성도 한양 도성처럼 전투도 없이 함락되고 말 것인가? 아니면, 칼도 못 다루는 선비들이 평생 논밭에서 일만 해온 농군 의병들과 마음을 모아 적과 맞설 것인가? 100년 동안 통일 전쟁을 계속해온 터라 칼싸움이라면 병사 개개인이 모두 수준급인 일본 침략군에 맞서, 과연 김해 읍성에서는 어떤 일이 벌어질 것인가?

임진왜란 최초 의병에 대한 기록은 1592년 6월 1일자《선조수정실록》에 실려 있다. 실록은 '여러 도에서 의병이 일어났다. 당시 삼도三道(경상도, 전라도, 충청도)의 장수와 관리들이 모두 인심을 잃은 데다 변란(임진왜란)이 일어난 뒤 군사와 식량을 징발하자 사람들이 모두 밉게 보아 적을 만나면 다들 패해 달아났다. 그러다가 (중략) 호남의 고경명·김천일, 영남의 곽재우·정인홍, 호서(충청도)의 조헌이 가장 먼저 의병을 일으켰다最先起兵.'라고 말한다.

이 기록은 '국가의 명맥이 의병들 덕분에 유지되었다國命賴而維持.'면서도 '(의병들은) 크게 성취하지 못했다不得大有.'라는 사족을 달고 있다. 또 4월 22일 창의한 곽재우만 특칭하지 않고 고경명, 김천일, 정인홍, 조헌을 함께 말하고 있는 까닭에 최초 창의에 대한 명확한 단정은 되지 못한다.

홍의장군 곽재우가 임진왜란 최초 의병장이라는 사실은《선조실록》1592년 6월 28일자 기사에 등장한다. 김성일은 장계를 올려 '사방으로 흩어진 자들이 도망한 군사나 패전한 병졸만이 산속으로 들어간 것이 아니라 대소 인원들이 모두 산속으로 들어가 새나 짐승처럼 숨어 있으니 아무리 되풀이해서 알아듣도록 설득해도 (의병으로) 응모하는 사람이 없었습니다.'라고 서두를 꺼낸 뒤, 이어 낙동강 서편 경상우도 일원의 창의倡義(의병을 일으킴) 상황과 전투 성과를 전한다.

김성일은 '(경북) 고령의 김면, (경남) 합천의 정인홍이 (대구) 현풍의 곽율, 박성, 권양 등과 더불어 향병鄕兵(의병)을 모집하니 따르는 사람이 많습니다.'라면서 '인홍은 정예병이 거의 수백 명이며 창군槍軍(창을 사용하는 군사)은 수천 명이나 되는데 고을의 가장假將(전쟁 중 임금의 권한을 대신하여 초유서 등이 임명한 장군) 손인갑을 추대하여 장수로 삼아 왜적을 방어할 계책을 세우고 있고, (합천) 삼가의 윤탁, 노흠도 의병을 일으켜 서로 응원하려고 합니다. 김면은 스스로 장수가 되어 바야흐로 병사들을 모집하는데, 적병들이 갑자기 쳐들어오자 병사들을 거느리고 나가 싸우니 왜적들이 패전하여 달아나므로 10여 리를 추격하여 거의 큰 승리를 거두려는 찰나에 복병이 갑자기 나타나 퇴각하였습니다.'라고 승전 소식도 보고한다.

곽재우가 가장 먼저 의병을 일으켰다는 내용은 그 뒤에 이어진다. 김성일은 '(경남) 의령 곽월의 아들 곽재우는 젊어서 활쏘기와 말타기를 연습했고 집안이 본래 부유하였는데, 변란을 들은 뒤에는 그 재산을 다 흩어 병사를 모집하니 수하에 장사들이 상당히 많았습니다.'라면서 그가 '가장 먼저 군사를 일으켰습니다最先起軍.'라고 증언한다.

김성일은 이때 이미 적들이 곽재우를 '홍의장군紅衣將軍'이라고 불렀다는 흥미로운 사실도 전한다. 그의 장계에 따르면 '(곽재우가) 의령현의 경내 및 낙동강 가를 마구 누비면서 왜적을 보면 그 수를 불문하고 반드시 말을 달려 돌격하니, 화살에 맞는 적이 많아서 그만 보면 바로 퇴각하여 달아나 감히 대항하지 못했다.' 그래서 왜적들은 '이 지방에는 홍의장군이 있으니 조심하고 피해야 한다.'라는 말을 입에 달고 다녔다.

홍의장군 복식(경남 의령 「의병 박물관」)

하지만 임진왜란 최초 창의는 곽재우 의병군이 아니라 송빈宋賓(1542~1592), 이대형李大亨(1543~1592), 김득기金得器(1549~1592), 류식柳湜(1552~1592)을 비롯한 김해 의병으로 보아야 마땅하다. 이들은 홍의장군이 창의한 4월 22일보다 이틀 전인 4월 20일에 이미 전사했다. 분명히 시기적으로 앞선다. 그럼에도 김해 의병의 창의와 순절 사실에 대해서는 아는 이가 별로 없다.

4월 14일의 부산진성과 15일의 동래 읍성은 첨사 정발과 부사 송상현이 관군을 지휘하며 지키고 있었지만 공격을 받은 그 날 적에게 점령당했다. 숱한 백성들이 수령을 도와 왜적에 맞섰지만 불가항력이었다. 두 곳의 백성들은 목숨을 던져 싸웠다. 다만 관군 수령의 지휘를 받아 전투를 치렀으니 의병으로 보기는 어렵다.

김해 의병은 관군 없이 싸웠다. 하루 만에 무너진 것이 아니라 나흘 동안 줄기차게 싸웠다. 《합천 군지》는 '4월 17일에서 20일까지 4일간에 걸친 김해성 싸움은 순수 의병과 의병 지휘자만으로 왜군과 싸운 임진왜란 최초의 격렬한 전투'로 기록했다.

김해 읍성

《합천 군지》는 또 김해 의병의 가열찬 전투에 대해 '관군으로 버티던 부산(진성)과 동래(읍성)가 싸움이 벌어진 당일에 무너진 데 반해 비록 왜군의 한 부대였다 해도 수나 장비 면에서 비교가 되지 않는 적과 대결하여 나흘이나 버텼다는 것이 놀랍고, 특히 이후 7년간에 걸친 싸움에서 의병의 효시가 되었다는 점에서 그 의의를 찾을 수 있다.'라고 높게 평가하고 있다.

일본군의 진격이 김해 의병에 막혀 사흘이나 지체된 데에는 그 날짜만큼 전쟁의 역사가 바뀌었다는 의의가 들어 있다. 김해 의병이 일본군을 가로막은 사흘은 선조가 도성을 탈출한 4월 30일과 일본군이 한강을 넘은 5월 2일 사이의 간격 이틀보다 하루 더 길다. 특히 일본군 3군은 1군과 2군보다 5~6일 늦은 '5월 7~8일에 한성으로 들어갔다(김경태 논문 「임진란기 청도 지역의 항왜 활동과 청도 지역의 전투」).' 이 단적인 날짜 계산은, 김해 의병의 투혼이 한양까지의 전선에 큰 변화를 일으켰으리라는 사실을 짐작하게 해준다.

경상좌도 소속인 대구는 김해 의병의 장렬한 전투가 전쟁의 흐름에 얼마나 큰 영향을 미쳤을 것인지 알게 해주는 지역이다. 부산에서 대구로 가는 길목의 경남 밀양, 경북 청도 등지에서는 아무도 일본군 1군의 진격을 늦추지 못했다. 일본군은 4월 21일 청도 팔조령을 넘어 대구 파동으로 들어갔고, 그날 바로 대구 읍성을 점령했다. 대구 선비들은 거의 세 달 가까이 지난 7월 6일이 되어서야 팔공산 부인사에 본부를 차리고 의병을 일으킬 수 있었다.

김해 의병이 없었으면 경상우도와 충청도 일원의 창의와 피란에 막대한 어려움이 닥쳤을 터이다. 비록 이기지 못한 채 모두들 장렬하게 전사했지만 김해 의병의 업적은 잊혀서 안 된다. 왜적의 전라도 진입을 막고, 이길 수 있다는 자신감을 확산시킨 점에서 곽재우의 업적은 '임진왜란을 바꾼 의병'이다. '최초의 의병' 정도의 상찬으로는 부족하다. '최초'라는 제한된 상찬은 김해 의병에게 양보(!)하는 것이 홍의장군에게도 미덕이 되리라.

송빈, 이대형, 김득기, 류식 등 김해 사람 수백 명은 관군 없이 성을 지켰다. 4월 17~18일 비교적 적은 군대로 김해 읍성을 공격하다 뜻을 이루지 못한 일본군은 4월 19일 마침내 대군을 몰고 쳐들어왔다.15) 대군이 공격해오자 먼저 초계 군수가 달아나고, 김해

사충단 송빈, 이대형, 김득기, 류식을 기려 1871년 송담서원에 세워졌다.

15) 4월 17일 김해성을 공격한 소규모 일본군은 소서행장의 1군 소속이고, 그 이후 대규모로 쳐들어온 일본군은 18일 상륙한 흑전장정의 3군으로 보인다. 김해는 보통 19일에 점령된 것으로 추정되는데 20일 청도에서 대구로 진격하는 소서 군이 자신들의 이동 경로도 아닌 김해에서 그때까지 전투를 벌였을 개연성이 없기 때문이다. 이 글은 《합천 군지》의 견해를 따른다.

부사는 군수를 잡으러 간다는 터무니없는 핑계를 대고 성 밖으로 도주했다.

　19일 하루 내내, 잠깐도 그치지 않고 전투가 계속되었다. 몇 백 명에 불과한 의병들이었지만 하루 낮은 간신히 버텼다. 날이 저물자, 낮 내내 성 주변은 물론 들판의 보리까지 모두 베어두었던 적은 그것을 높이 쌓고는 성 안으로 넘어 들어왔다. 1만 3,000여 명이나 되는 숫자의 힘이었다.

　이튿날인 20일, 성은 결국 중과부적을 이겨내지 못하고 함락되었다. 적은 투항을 권고했지만 네 사람은 몇 명 남지 않은 의병들과 함께 몇 겹으로 에워싸인 채 끝까지 싸우다가 전사했다. 몇 백 명의 의병들도 그날 모두 전사했다.

　며칠 뒤, 송빈의 군사 양업손梁業孫이 시체더미 속에서 살아나와 김해 읍성 전투의 장렬한 참상을 세상에 알렸다. 네 충신들은 전란이 끝난 1600년(선조 33) 병조 참의 등 벼슬을 추증 받았다. 그러나 그뿐이었다. 김해 의병은 다시 역사 속에 묻혔다.

　1708년(숙종 34) 이순신의 현손 이봉상이 김해 부사로 와서 《금주지金州誌》를 보다가 김해 읍성 전투의 전말을 알고 감격했다. 그가 나서서 조정에 건의한 끝에 송담서원이 건립되었다. 1833년(순조 33)에는 표충사表忠祠 사액도 받았다. 그 후 1868년(고종 5) 서원 철폐령을 맞아 훼철되지만 1871년(고종 8) 김해 부사 정현석 등의 상소에 힘입어 사충단四忠壇(기념물 99호)으로 다시 태어났다. 현재의 서원 건물들은 1995년에 복원된 것이다.

　사충단에 모셔져 있는 김해 읍성 전투의 네 충신은 아직도 온전한 기림을 받지 못하고 있다. 송담서원 주차장까지 버스가 접근하지 못하는 교통 사정도 그렇게 되는 데 한몫을 하고 있다. 일방통행으로 지정되어 있는 굽고 가파른 왕복 길은 승용차만 간신히 오갈 수 있다. 답사자는 마음이 불안하다.

2차선 도로에 차를 두고 걸어서 서원까지 일방통행 길을 오가노라면 휘청휘청 내달리는 자동차들이 무섭다.

길만 조금 가다듬어진다면 송담서원은 위치가 아주 좋다. 김해시 전역을 발아래 거느린 높은 지대에 자리하고 있는 덕분에, 멀리 수평선인 듯 지평선인 듯 가늠하기 어려울 만큼 가로로 파르라니 이어지는 원경이 눈길을 사로잡는다. 무엇보다도 서원 경내가 넓은데다 잡다한 건물이 없어 시원하고, 강학 공간과 제향 공간의 높낮이가 뚜렷하여 전체적으로 웅장하다.

사충단은 강당 뒤 한참 높은 곳에 사당과 어깨를 나란히 한 채 서 있다. 그 중에서도 사충단은 사당보다 더 산 쪽에 붙어 있어 외삼문에서 볼 때 가장 높고 멀리 보인다.

송담서원의 강당과 동재

사충단의 네 분께 참배를 올리며 잠깐 묵념을 한다. '임진왜란 때 살았더라면 김해 의병들처럼 그렇게 죽을 수 있었을까?' 하는 생각이 문득 스치고 지나간다. 어쩐지 눈시울이 뜨거워져, 아무도 보는 이 없건만 저 멀리 바다 쪽을 공연히 응시한다.

저 아래 넓은 김해 평야는 임진왜란 당시 들판이 아니었다. 김정호의 대동여지도에는 김해 평야 일대가 모두 바다로 나온다. 사충단의 네 충신들은 저곳 가득 메워진 일본군의 전선들을 보았는데, 나는 지금 곡식들로 가득 찬 들판과 도로를 질주하는 차량들을 보고 있다. 역시 나는 김해 의병들과 아주 다른 눈으로 세상을 보고 있구나. 어느덧 서원이 문을 닫을 시간이다.

송담서원의 사당 표충사와 사충단

김해시 진례면 신안리 457-1 송담서원 옛터. 작은 원내가 삼충대 비석이 있는 지점이고, 그 오른쪽은 신안 노인정이다. (사진 왼쪽 하단) 삼충대 비석을 크게 확대한 모습

삼충대 송빈, 이대형, 김득기 세 사람은 한 마을 출신이다. 고향 사람들은 1716년(숙종 42) 세 의사를 기려 사당 송담사를 창건했다. 송담松潭은 소나무松가 울창한 사이의 연못潭을 뜻한다. 지금도 김해시 진례면 신안리 457-1에 가면 절벽과 솔숲이 어우러진 아름다운 풍경 속에 작은 폭포까지 거느린 송담을 볼 수 있다.

그 후 송담사는 1763년(영조 39) 중수를 거쳐 1824년(순조 24) 송담서원으로 발전했고, 1833년(순조 31)에는 표충사라는 현판도 사액 받았다. 그러나 우리나라 대부분의 서원들처럼 대원군의 철폐령 때(1868년) 훼철되었다. 그 후 1871년(고종 8) 류식 의사를 포함해 네 분을 기리는 사충단이 세워졌고, 1896년(고종 33)에는 서원 터에 높이 55cm의 비석「三忠臺삼충대」도 세워졌다. 1995년 김해시 동상동 161 일원에 강당 등 서원 건물들이 새로 건립되었다.

김해시 삼방동 581-4 관천재. 이대형 의사를 기리는 재실로 건물 뒤에 사당 모절사慕節祠도 있다. 세 가지 아름다움이라는 뜻을 지닌 마을이름 삼방三芳은 선조가 지었다.

관천재 이대형(1543~1592) 의병장을 기려 건립된 재실로, 현지에 가보면 관천재觀川齋라는 이름이 지어진 까닭이 자연스럽게 헤아려진다. 신어산에서 내려온 산골 맑은 물川이 재실 옆을 계곡으로 가꾸며 흘러가는 모습이 오늘날에도 눈길觀을 끈다.

관천재가 있는 마을이름 삼방동三芳洞은 더욱 호기심을 자극한다. 이대형은 1592년 4월 17일 두 아들 우두友杜와 사두思杜에게 '나는 나라를 위해 죽을 것이니 너희들은 집안의 제사가 끊이지 않도록 해다오.'라는 유언을 남기고 김해 읍성 전투에 나아가 순절했다. 장남 우두가 슬픈 소식을 듣고 싸움터로 달려가 아버지의 시신을 찾다가 왜적에게 살해당했다. 이대형의 형 이대윤의 딸은 왜적을 피해 스스로 강물에 몸을 던졌다. 선조가 충, 효, 열의 세三 가지 아름다움芳을 볼 수 있는 곳이라며 삼방동이라는 이름을 내렸다.

낙오정 김해시 진례면 청천리 570

낙오정樂吾亭 1592년 김해 읍성 전투 사충신 중 한 분인 류식柳湜 공을 추모하고 제사를 지내기 위하여 후손들이 건립한 재실이다. 류식의 할아버지는 전라 수사를 지낸 용墉이고, 아버지는 김해 현령을 역임한 서종緖宗이다. 낙오정 외삼문 앞 현지 안내판은 '대대로 벼슬을 한 김해 대동면 마산부락의 명문가에서 1552년 1월 15일 태어났다.'라고 출생 배경을 설명하고 있다.

'1592년 임진왜란 당시 왜장 흑전장정黑田長政(구로다 나가마사)이 이끄는 군대가 낙동강 하류에 상륙한 후 김해성을 공격'했을 때 '김해 부사는 도망가고 없고 저항이 어려운 상태에서 (류식은) 세 분의 충신(송빈, 이대형, 김득기)과 함께 집안의 하인들과 장정들을 지휘하며 순수 의병만으로 사수死守를 계획하였다.'

'공은 왜적이 냇물을 끊자 객사 계단 아래 우물을 파서 식수를 해결하였다. 류공정柳公井은 지금까지 전해 내려오고 있다.'

'공을 포함한 사충신은 중과부적으로 4월 20일 장렬한 저항 끝에 모두 순절하였고, 후세의 역사가는 이를 임진왜란 최초의 의병대장이자 의병의 효시로 높게 평가하고 있다.'

 '공을 따라 순절한 부인 상주 김씨는 목사 명윤明胤의 딸로, 열녀로서의 품행은 오늘날 후손들에게 커다란 귀감이 되고 있다.'

 현지 안내판의 핵심 내용은 네 가지로 정리된다. 관군이 도망가고 없는 어려운 처지였지만 류식을 비롯한 김해 선비들은 순수 의병을 이끌고 왜적에 맞서 싸웠다. 적이 식수를 끊었을 때 샘물이 솟을 만한 곳을 신속히 찾아내어 문제를 해결하는 지혜를 보였다. 김해 의병은 임진왜란 최초의 창의로 평가받고 있다. 부인 상주 김씨의 순절 또한 후세의 커다란 귀감이다.

 류공정 '1592년 임진왜란 때 나라를 위하여 의병을 일으켜 김해성을 지키던 류식이 왜군들이 성으로 유입되는 물길을 막아 식수가 단절되자 객사 앞의 이끼 낀 계단을 파서 만든 우물이다. 류식은 부사 서예원이 성을 버리고 도망쳤지만 끝까지 왜군과 맞서 싸우다 장렬히 전사하여 임진왜란 사충신의 한 분이 되었다. 그 후손들이 비석을 세워 오늘까지 전해지고 있으며, 동상동민들은 애국애향의 정신으로 이 표지판을 세운다. 2015년 9월 동상동민 일동'

 위의 안내문을 읽으려면 김해시 동상동 883-26 옆의 좁은 골목으로 가야 한다. 찾기가 아주 어렵다. 김해 재래시장 안인 까닭에 차량 접근부터 불가능하다. 동상동 924-2 공영 주차장에서 하차 후 천막으로 하늘을 덮은 재래시장 한복판으로 들어가면 금산인삼, 서울상회 등 복잡한 간판들 속에 '류공정' 표시가 숨어 있다.

 류공정에서 서북쪽 50m 지점인 서상동 6-7에 「송빈 순절 기적비」를 등에 업은 고인돌이 있다. 그 역시 찾기가 어렵다.

김해 **송빈 순절 기적비**
청동기 고인돌 위에 세워진 의병장 순절 기념비

경상남도 김해시 서상동 6-7번지를 찾아가면 나라 안에서, 아니 세계적으로 희귀한 고인돌을 볼 수 있다. 이렇게 말하는 것은 지구 전체의 약 6만여 기 고인돌 중 2만 9,510기(49.2%)가 남한에 있고, 북한에도 2만여 기(33.3%)가 있기 때문이다(《한국 지석묘 유적 종합 조사 연구》, 문화재청·서울대 박물관, 1999년). 즉, 우리나라 고인돌 가운데서 특이한 것이라면 세계적으로도 특이한 것일 개연성은 충분하다.

서상동 고인돌은 어떤 점에서 특이한가? 고인돌은 일반적으로 아래에 굄돌이 있고 그 위에 윗돌이 얹힌 2층 구조가 보통인데, 이곳 고인돌은 윗돌 위에 뭔가가 또 있어 3층이다. 맨 위 3층의 것은 비석이다. 비석에는 '贈증吏曹이조參判참판淸州청주宋公송공殉節순절紀蹟碑기적비' 열네 한자가 새겨져 있다.

그뿐이 아니다. 고인돌에도 '宋公송공殉節岩순절암' 다섯 한자가 붉게 새겨져 있다. 강조하고 싶은 내용은 반복해서 언급하는 것이 수사법의 일반 원리이므로, 고인돌과 비석 두 군데에 공통으로 등장하는 '송공 순절'이 핵심이다.

현지 안내판의 해설에 따르면 '김해 시내의 중심부 주택가에 있는 이 지석묘는 윗돌의 크기가 4.6m×2.6m로, 규모가 비교적 큰 편'이기는 하지만, 한반도 내에 약 5만 기나 있는 고인돌 중의 하나이므로 그 자체만으로 특이한 문화재라고 평가할 수는 없다. 윗돌 위에 임진왜란 때 순절한 의병장의 비석을 세워놓은 점이 여느 고인돌과 다른 두드러진 특징인 것이다.

아무리 임진왜란 순절 의병장을 기리기 위한 비석이라 하더라도 그것을 경상남도 기념물 4호인 문화재 위에 세운 것은 잘못이 아닐까? 누군가는 그렇게 의문을 가질 수도 있다. 하지만 이 고인돌이 문화재로 지정된 때는 1974년이고, 비석이 세워진 시기는 그보다 10년 전인 1964년이라는 사실을 감안하면 그리 큰 잘못이라고 보기는 어렵다.

> 1592년 4월 14일 부산진성, 4월 15일 동래부를 함락한 일본군은 17일 김해로 밀려왔고, 주장主將인 김해 부사와 부장인 초계 군수가 도주해버린 상황에서 송빈宋賓(1542~1592), 이대형李大亨(1543~ 1592), 김득기金得器(1549~1592), 류식柳湜(1552~1592) 등은 의병 100여 명, 일반 백성 수백 명과 함께 왜적에 맞섰다. 임진왜란 최초의 의병 봉기였다.
> 17일과 18일 이틀에 걸쳐 소규모 공격을 개시했다가 실패한 일본군은 19일 마침내 대군을 투입하여 김해 읍성을 두들겼다. 적들은 김해 들판의 보리를 베어 읍성 아래에 높게 쌓고는 그것을 타고 올라왔다. 1만 3,000여 명이나 되는 대병력이었으니 못할 일이 없었다.
> 20일 들어 성은 결국 적의 수중에 떨어졌다. 적은 송빈에게 투항하라고 권했다. 송빈은 마지막 남은 몇 명 의병들과 함께 최후까지 칼을 휘둘렀다. 더 이상 싸울 수 없는 지경에 이르자 송빈은 고인돌 위에 올라 임금이 있는 북쪽을 향해

두 번 절했다.

  송빈은 적에게 사로잡혀 목이 달아나는 치욕을 당하지 않기 위해 고인돌 위에서 스스로 목숨을 버렸다. 송빈 의병장의 아들 송정백은 홍의장군 곽재우의 휘하에 들어 화왕산성 등 많은 전투에 참가하여 공을 세우는 등 부자 2대의 창의 정신을 보여주었다. 송정백은 전란이 끝난 후 과거에 합격하지만 끝내 벼슬길에는 나아가지 않고 학문과 제자 양성에 생애를 바쳤다.

  김해시 서상동 6-7번지에 서린 임진왜란의 역사를 알고 보니 윗돌 위에 비석을 세운 후손들이 도리어 이 고인돌의 문화재로서의 가치를 높였다는 판단이 든다. 서상동 고인돌이 비석 없이 그냥 남아 있다면 우리나라 5만여 고인돌 중 하나에 머물렀을 터이다.

후손들은 이곳 고인돌이 임진왜란 당시 송빈 의병장이 순절한 역사의 현장이라는 정신사적 의미를 북돋우기 위해 윗돌 위에 비석을 세웠다. 그 결과 청동기 시대의 상징인 고인돌과 임진왜란이라는 국가적 위기를 맞아 송빈이 보여준 선비정신의 표상인 순절비가 한 몸이 되었다. 둘이 하나가 됨으로써 특별한 문화유산이 탄생했다.

고인돌에 새겨진 '송공 순절암'

현지 안내판은 '(서상동 고인돌은) 윗돌上石(상석)이 땅에서부터 1.4m가량 떠 있는 점으로 보아 그 아래에 굄돌支石(지석)이 받쳐져 있는 남방식 또는 바둑판식 구조로 판단된다. 무덤방은 지석 아래 땅속에 마련되어 있었을 것'이라고 해설한다. 이어 '윗돌의 주위를 모두 시멘트로 발라버려서 정확한 구조는 파악하기 어렵다'라고 덧붙인다. 그 시멘트가 눈에 거슬렸던 것일까? 지금은 자연석들로 윗돌 아래 사방을 덧붙여 놓았다.

　고인돌과 순절비를 경건한 마음으로 둘러보았다. 아직 사충단四忠壇에 가보지 않았으면 그리로 발걸음을 할 차례이다. 김해에 왔으니 임진왜란 최초 순절 의병들께 참배를 하는 것은 후대인으로서 의무를 다하는 행동이다. 송빈, 이대형, 김득기, 류식 등 임진왜란 최초의 네 분 의병장을 기리는 사충단이 김해에 세워진 때는 1871년(고종 8)이다. 사충단은 경상남도 기념물 99호로, 김해시 동상동 161 송담서원 경내에 있다. 16)

---

　16) 김해에는 또 하나의 유명한 고인돌이 있다. 이 고인돌은 가야국 시조인 수로왕이 처음 나타난 곳으로 전해지는 구지봉 정상에 있다. 보통의 고인돌은 무덤이기 때문에 홍수가 나도 물에 잠기지 않는 구릉 위에 위치하는 것이 일반적이다. 현지 안내판은 '크기는 240×210×100cm 규모여서 작은 편이지만 특이하게도 구릉의 정상부에 위치한다.'라고 설명하고 있다.

　이 고인돌의 또 다른 특이점은 상석 위에 글자가 새겨져 있다는 점이다. '龜旨峯石구지봉석' 네 글자인데, 조선의 명필 한석봉의 글씨로 전해져 사람들의 호기심을 끌고 있다. 오른쪽 사진은 구지봉 정상과 '구지봉석' 고인돌의 전경이다.

'龜旨峯石구지봉석' 네 글자가 새겨져 있는 구지봉 정상의 고인돌

김해 **구천서원**
수로왕릉 보전 후 의병에 뛰어든 선비

 죽암竹巖 허경윤許景胤(1572~1646)을 모시는 경상남도 김해시 구천 서원에 닿으면, 작은 강아지 한 마리가 부리나케 달려 나와 손님을 맞이한다. 삽살개인가? 허경윤의 한시「산거山居」를 아는 나그네는 문득 그런 짐작에 빠져든다. 하지만 천연기념물 368호, 귀신과 액운(살)을 쫓는(삽) 삽살개를 본 적이 없는 나그네는 그렇게 짐작만 해볼 뿐 눈앞의 강아지가 삽살개인지 여부는 알지 못한다.

柴扉尨亂吠
사립문의 삽살개 요란스레 짖는다
窓外白雲迷
창밖에 흰 구름 떠도는 것 보고……
石徑人誰至
돌길 이어진 여기 누가 찾아오리
春林鳥自啼
봄 숲에는 새들만 지저귀는데……

구천서원 입구 : 김해시 상동면 우계리 811

　허경윤의 시는 깊은 산속에서 생활하는 선비의 일상을 노래하고 있다. 시적 자아詩的自我인 선비는, 피상적으로 이해하면, 지금 너무나 한가하여 외로움을 느끼는 지경이다. 돌길이 집까지 이어졌다고 했으니 그에게는 정치적 권력도 없고 경제적으로도 빈한하다. 그 탓에 선비는 이렇듯 적막한 산중에서 지내고 있는지도 모른다.
　하지만 이 시를 그렇게 받아들였다면 문학적 수사에 대한 이해가 부족한 때문이라 할 만하다. 선비는 감정이입感情移入을 토로하기 위해 삽살개와 새를 끌어들인 것이 아니다. 시적 자아는 그저 삽살개와 새들조차도 한가함에 겨운 나머지 흰 구름을 보며 반가워 짖고, 까닭도 없이 숲에서 봄을 지저귀는 이곳이야말로 '별유천지 비인간別有天地非人間'17)이라는 사실을 강조하고 싶을 따름이다.

---

17) 사람이 살지 않는 신선의 세계, 더 없이 아름답고 청정한 자연의 경

실제로 죽암은 선조가 직접 주관한 과거에 합격했지만 벼슬길에 나아가지 않았고, 정승 이원익이 여러 차례 관직을 제시했을 때에도 응하지 않았다. 돌길이 끝나는 지점에 자리잡고 있는 그의 산속 집은 세상의 번잡함과 권력 다툼에서 벗어난 자연 그 자체였다.

산해정 조식 선생의 김해 강학당

치를 상징하는 '별유천지비인간'은 이태백의 시 「산중문답山中問答」에서 유래된 말이다. 이태백은 '왜 푸른 산에 사느냐고 묻기에問余何事棲碧山 / 웃으며 대답하지 않았지만 마음은 저절로 한가하네笑而不答心自閑 / 복사꽃 흐르는 물 따라 아득히 걸어가니桃花流水杳然去 / 이런 특별한 세상은 인간 사는 곳이 아니로다別有天地非人間" 하고 노래했다.

스승 조식이 평생에 걸쳐 단 한 번도 벼슬길에 나아가지 않았던 것처럼, 허경윤은 학문을 하고 제자들을 가르치는 일에만 생애를 바쳤다. 하지만 나라의 운명에 대해서는 끝없는 걱정을 했고, 또한 온몸을 던져 신념을 지키는 언행일치의 삶을 보여주었다.

'영남 3대 의병장'으로 일컬어지는 정인홍, 김면, 곽재우가 모두 조식曺植(1501~1572)의 제자인데서 짐작되듯이, 남명 조식은 임진왜란 당시 의병을 일으킨 경상도 일원 주요 선비들의 한결같은 스승이었다.

죽암 허경윤 역시 조식의 제자였다. 죽암이 임진왜란이 끝난 뒤 전란 중 불타버린 산해정山海亭(조식이 제자들을 기른 강학 장소, 경상남도 문화재자료 125호)18)을 재건하는 일에 앞장선 것도 참된 제자다운 행동이었다.

허경윤의 **묘비**

죽암은 전란 초에도 남명의 제자다운 모습을 보여주었다. 임진왜란 발발 당시 스무 살이었던 그는 어머니를 모시고 함양에 피란 가 있었다. 그렇게 산과 들을 돌아다니며 나물을 캐고 열매를 주워 노모를 봉양하고 있던 그에게 왜적이 수로왕릉을 도굴했다는 소문이 들려왔다. 김해 허씨의 후손이라는 자부심으로 똘똘 뭉쳐져 있던 죽암은 비분강개했다.

---

18) 문화재청 누리집의 '**산해청**' 소개 : 산해정은 조선 시대의 거유 남명 조식 선생께서 30년간 강학하던 곳으로 선조 21년(1539) 향인들의 청에 의해 김해 부사 양사준이 정자의 동쪽에 서원으로 착공했으나 왜란으로 중지된 것을 광해군 원년(1609)에 안희, 허경윤에 의해 준공되어 신산 서원이라고 사액되었다. 그후 대원군의 훼철령으로 철거되었다가 순조 20년(1820) 송윤중 등이 다시 중건한 것으로써 사당 영역이 없이 강학 공간만으로 이루어진 서원 형식을 가지고 있다. (중략) 강학을 하던 명륜당은 2004년 7월부터 2005년 3월까지 해제 보수 작업을 했다. 경남 김해시 대동면 주동리 737.

4월 14일 부산진성, 4월 15일 동래성을 무너뜨린 일본군 중 일부가 17일 김해로 쳐들어왔다. 지금은 김해시 동상동 181 일대에 북문과 옹성甕城(성문 앞을 둥글게 에워싸고 있는 성)을 중심으로 20여 m의 성벽만 복원되어 있지만, 김해 읍성은 본래 전체 길이가 1,950m, 동문 해동문海東門, 서문 해서문海西門, 남문 진남문鎭南門, 북문 공진문拱辰門으로 구성된 그럴 듯한 평지성平地城이었다. 처음에는 반격하여 물리쳤지만 일개 읍성의 힘으로 일본군 3군 1만 3,000여 명이 몰려온 19일 이후 공격은 도저히 감당할 수 없었다.

관군 장수들이 도망쳐 버린 김해 읍성을 사수하던 송빈, 이대형, 김득기, 유식 등 수백 명의 의병들은 20일 모두 전몰했다. 김해는 왜적들의 수중에 떨어졌다. 그 결과 '김해의 상징'인 수로왕 부부의 능이 도굴되는 비극이 벌어졌다. 이 소식을 스무 살 허경윤이 들었

수로왕릉

다. 수로왕의 후손인 허경윤은 어머니 앞에 엎드려 절한 후 죽음을 같이할 장정들을 모았다.

100여 장정을 급히 조직한 허경윤은 바로 수로왕릉으로 달려갔다. 그저 헛소문일 뿐 수로왕릉이 무사하기만 간절히 빌었지만 왕릉과 왕비릉은 처참하게 파헤쳐져 있었다. 그는 적의 감시를 피할 수 있는 한밤을 이용, 장정들과 함께 능의 봉분을 다시 본래 모습대로 회복했다. 다시 살아난 왕릉과 왕비릉은 김해 사람들의 마음에 큰 용기와 위안을 주었다.

뒷날 이 사실을 알게 된 조정은 죽암에게 벼슬을 내렸다. 죽암은 관직을 사양했다. 다만 그는 조정에 글을 올려 수로왕릉이 지금 어떤 상태에 놓였는가를 보고한 뒤, 시급히 복원해줄 것을 요청했다.

구천서원 강당

"병화兵火(임진왜란)로 왕과 왕후의 능이 왜병에 의해 파헤쳐졌습니다. 구슬들은 여기저기 흩어졌고, 금으로 만든 주발 또한 자취도 없이 사라졌습니다. 숱한 은제품들도 먼지처럼 날아갔고, 옥으로 만든 기러기 역시 행방이 묘연했습니다. 이마에 땀이 흥건히 흐를 지경으로 처참했던 그 광경은 차마 말로 나타내기가 민망합니다."

죽암은 나이 예순을 넘은 1636년(인조 14) 또 다시 전쟁을 치렀다. 조선은 20만 대군을 휘몰아 쳐들어온 청나라를 감당하지 못했고, 인조는 남한산성으로 피란했다. 임금이 외적에게 에워싸여 생사의 경계를 오가고 있다는 소식을 들은 그는 눈물을 쏟으며 '임금이 욕을 당하면 신하는 마땅히 죽어야 한다. 내가 어찌 살기를 바라겠느냐!' 하고는 전답을 모두 처분했다.

상덕사 구천서원의 사당

죽암은 전 재산을 팔아 수백 석의 군량미를 모으고, 의병을 모집했다. 하지만 병자호란 당시 그는 이미 나이가 너무 많아 직접 말을 타고 칼을 휘두르기에는 무리였다. 어쩔 수 없이 아들 빈瀕과 조카 연演에게 '의병을 이끌고 남한산성으로 가라!' 하고 명했다. 그는 아들이 길을 떠난 뒤에 사람을 보내어 편지를 전했다.

"효도는 충성이 있는 곳에 함께 있는 법이다, 늙은 아비를 염려하지 말고 길을 재촉하여 하루 빨리 남한산성의 위급을 구하라!"

그런데 그가 보낸 의병 부대가 문경 새재에 이르렀을 무렵 조정이 청에 굴복하고 말았다는 소식이 들려왔다. 아들과 조카가 굴욕으로 가득 찬 소식을 들고 김해로 돌아왔다.

죽암은 울기를 거듭하다가 산으로 들어갔다. 그는 봉황대 남쪽 아래에 오두막집을 짓고 매화와 대나무를 심었다. 그 날 이후 그는 스스로를 '죽암竹巖'이라 불렀다. 절개를 굽힐 수 없다는 결의의 표시였다. 그 후 다시는 세상에 나오지 않았고, 3년여 뒤 산속에서 홀연히 세상을 떠났다.

이제 '사립문의 삽살개 요란스레 짖는다 / 창밖에 흰 구름 떠도는 것 보고…… / 돌길 이어진 여기 누가 찾아오리 / 봄 숲에는 새들만 지저귀는데……'라는 한시가 결코 산속에 기거하는 선비의 고독을 노래한 것이 아니라는 사실을 고스란히 이해할 수 있다. 허경윤은 생애에 걸쳐 단 한 번도 쓸쓸함을 느낀 사람이 아니었다.

김건래는 논문 「손처눌 연구」에서 '조선 시대의 유자儒者(선비)라면 누구나 과거 합격과 사당에 배향되는 것을 최고의 영광으로 여겼을 뿐만 아니라, 이를 통해 사회적 지위와 인물 됨됨이를 평가받았다고 해도 과언이 아니다.'라고 했다. 그런 점에서, 세상을 떠난 뒤에도 허경윤은 결코 쓸쓸하지 않았다. 1822년, 온 나라의 선비 221명이 뜻을 모아 김해부 서쪽 거인리(현 내외동)에 구천서원龜川書院을 세웠다. 허경윤을 기리기 위해 건립된 서원이었다.

묘소에서 내려오면서 본 **구천서원** 전경

구천 서원은 김해시 상동면 우계리 811번지에 있다. 강당, 사당, 동재, 서재를 제 자리에 온전히 갖춘 모자람 없는 서원이다. 관리사도 별도로 있다. 서원 뒤로 5분가량만 오르면 선생의 유택幽宅(묘소)에 참배할 수도 있고, 묘소 왼쪽 앞에는 선생을 추모하는 비갈도 볼 수 있다.

묘소 참배를 마치고 돌아 내려오는 길에서 보는 풍경이 삭막하다. 서원을 찾아갈 때에는 어두워지기 전에 닿아야 할 텐데 싶은 마음에 경황이 없어서 눈에 들어오지 않았는데, 이제 보니 서원 가까운 전방에 엄청난 교각들이 세워져 있다. 머잖아 고속도로가 개통될 낌새다. 서원에서 묘소까지 숲속길을 오가면서 새 소리를 듣지 못했는데, 앞으로는 쌩쌩 달려가는 차량 소음이 이곳을 가득 메우려나 보다. 문득, '선생에게 송구스럽다'는 생각이 일몰처럼 무겁게 마음을 짓누른다.

정운공 순의비 부산시 기념물 20호, 다대동 산145

부산 **정운공 순의비**
부산포에서 전사한 장군, 지금도 군대 생활 중

1594년(선조 27) 8월 12일자 《선조실록》을 읽는다. 선조가 '임진년(1592) 이후 우리 군대가 크게 위축된 것은 무엇 때문인가退縮何也?' 하고 묻는다. 류성룡이 '정운이 죽은 후 수군의 사기가 꺾인 탓에舟師退挫 교활한 적들에게 습격을 받을까 두려워 쉽게 나서지 못하고 있습니다.' 하고 대답한다.

정운이 죽은 후 조선 수군의 사기가 크게 꺾여 후퇴만 한다? 정운에 대한 조선 수군들의 신망이 아주 대단했다는 사실을 단적으로 증언해주는 기록이다. 그런데 《선조실록》 1594년(선조 27) 11월 12일자에는 이 부분보다도 더 놀라운 이야기가 실려 있다.

정곤수는 '정운이 이순신에게 "장수(이순신)가 만일 가지 않으면 전라도는 반드시 수습할 수 없게 될 것"이라고 협박하였으므로以此迫脅 이순신이 할 수 없이 가서 (적을) 격파했다 합니다不得已往擊云矣.' 하고 선조에게 말한다. 녹도鹿島(고흥군 도양읍) 만호萬戶 정운鄭運(1543~1592)이 직속 상관인 전라 좌수사 이순신(1545~1598)을 협박(!)했다는 믿기 힘든 기록이다.

> 왜란이 일어나자 전라 좌수사 이순신 공이 전함을 이끌고 좌수영(전남 여수)의 앞바다에 주둔하였지만 나아가 싸우려 들지 않았다.
> 정운 공이 칼을 뽑아들고 앞으로 나아가 눈을 부릅뜨고 이순신에게 말했다.
> "적병이 이미 영남을 격파하고 전승의 기세를 타고 한없이 밀어붙이고 있으니, 그 형세가 반드시 한꺼번에 수륙水陸 양쪽으로 전진할 것입니다. 공은 어찌하여 이처럼 망설이며 출전할 뜻이 없습니까?"
> 정운의 말소리와 안색이 모두 상기되니, 이순신이 기가 질려 감히 어기지 못하였다.
> 공이 이내 선봉을 자청하여 곧바로 바깥 바다로 나아가 전투에 임하였다.

위의 인용문은 《국조 인물고》에 수록되어 있는 안방준安邦俊(1573~1654)의 글이다. 임진왜란 당시 의병장으로 활약했던 안방준은 정운의 '유사遺事(남긴 자취)'에 그렇게 썼다.

물론 《난중일기》 1592년 5월 1일자 기록은 《선조실록》 1594년 11월 12일자 및 《국조 인물고》의 표현과 다르다. 일기에 이순신은 '수군이 일제히 앞바다에 모였다. 이날은 흐리되 비는 오지 않고 마파람만 세게 불었다. 진해루(진남관의 전신)에 앉아서 방답 첨사, 녹도 만호 등을 불러들이니, 모두 분격하여 제 한 몸을 잊어버리는 모습이 실로 의사들이라 할 만하다.'라고 썼다.

정운은 1592년 9월 1일 조선 수군이 부산포 해전에서 대승을 거둘 때 맨 앞에 서서 분전하던 중 적탄에 순절했다. 이날 부산포 전투는 적선 400여 척 중 100여 척을 격파하고, 수를 셀 수 없는 적군들을 바다에 수장시킨 대첩이었다. 아군 피해는 녹도 만호 정운과 병사 5명의 전사, 26명의 부상이 전부였다.

정운의 전사는 《선조실록》이 말한 바와 같이 아군의 사기를 떨어뜨릴 만큼 충격적인 일이었다. 이순신도 정운의 전사 소식을 듣고는 '나라가 오른팔을 잃었도다國家失右臂矣!' 하고 탄식했다.

정운이 세상을 떠나고 나서 세월이 한참 흐른 1798년(정조 22), 다대포 첨사로 부임한 그의 8대손 정혁鄭爀이 몰운대에 공을 추모하는 높이 172㎝, 넓이 69㎝, 두께 22㎝ 규모의 순의비를 세웠다.

순의비의 본문은 이조 판서 민종현閔鍾顯이 지었고, 글씨는 훈련대장 서유대徐有大가 썼다. 비면에는 '忠臣충신 鄭運公정운공 殉義碑순의비' 여덟 자가 새겨져 있고, 비음碑陰(비의 뒷면)에는 정운 공의 순절 사적事蹟이 18행에 걸쳐 소상하게 밝혀져 있다.

그 이후 비석은 오랜 세월 동안 바닷바람을 맞으며 저 홀로 서 있었는데, 1972년에 이르러 부산시 기념물 20호로 지정되었고, 다시 1974년에 부산시가 비각을 세웠다.

「충신 정운공 순의비」의 뒷면에는 어떤 글이 새겨져 있을까, 궁금하다. 부산시 발간 《부산의 문화재》에 한글로 번역되어 있는 비음의 글을 읽기 좋게 가다듬어가며 발췌독으로 살펴본다. 비문의 내용은 《선조실록》, 《국조 인물고》, 《난중일기》의 내용을 적절히 절충한 듯한 문맥을 보여준다.

> 왜적이 온 나라의 병력을 동원하여 침략하여 먼저 영남 일대를 함몰시키니 임금이 위급한 소식을 듣고는 서쪽으로 용만龍灣(의주)으로 피란하시었다.
> 이때 충무공이 전라 좌수사가 되어 수하 장수들을 소집, (왜적이 쳐들어와 부산을 이미 점령했으니) 장차 어떻게 할 것인가 논의하였다. 사람들의 의견이 분분하였다. 다만 녹도 만호 정운만이 홀로 의연하게 말했다.

이어 비문은 '정운이 이순신에게 "지금 적병이 영남을 함몰했는데今敵陷嶺南 앉아서 보기만 하고 구원하지 않으면坐視不救 이는 적을 자초하는 일입니다. 적병이 호남에 이르기 전에敵未至吾境 나아가 치면 군사들의 사기를 왕성하게 할 수 있고, 우리의 수비를 튼튼히 하는 데에도 도움이 됩니다. 더욱이 지금은 임금께서 난리를 맞아 피란을 하고 계시는 지경이니君父蒙塵 군주가 치욕을 겪고 있는 지금이야말로 신하가 목숨을 바쳐야 할 때입니다臣死之秋. 내가 마땅히 한번 죽음으로써我當以一死 여러 장수들의 선봉이 되겠습니다爲諸將先." 하고 말하였다. 충무공이 그의 말을 장하게 여겨 공의 (적을 공격하러 영남으로 진격하자는) 계책을 따랐다而從其策. 충무공은 여러 군대에 명령을 내려 배를 타고 (5월 4일) 영남으로 출발하였다乘船向嶺南.'라고 말하고 있다.

정운이 칼을 뽑아 들고서 영남 진격을 망설이는 이순신을 재촉했다는 표현은 없다. 다만 앉아서 왜적을 기다릴 것이 아니라 영남으로 진격하여 선제 공격을 해야 한다는 정운의 주장을 이순신이 따른 것만은 분명해 보인다. 당시 수군이 공격적 전략을 채택하게 된 데에는 정운의 판단이 크게 작용하였다는 말이다.

이순신은 4월 20일에 이미 경상 감사 김수로부터 왜적이 부산을 함락했으니 지원군을 보내달라는 요청을 받았다. 뿐만 아니라, 벌써 15일 저녁에 경상 우수사 원균으로부터 왜적이 절영도에 침입했다는 통첩도 받았다. 하지만 출전을 실행하지는 못했다. 그러던 중 5월 3일, 정운 등 모든 장수들이 모인 연석 회의에서 전라도 수군의 영남 바다 진격이 결정되었다.

다대포 바닷가의 몰운대沒雲臺를 걷는다. 몰운대는 바다에 붙은 얕은 야산 형상을 하고 있다. 안개와 구름雲이 짙은 날이면 보이지 않는沒 섬이라고 해서 몰운'도'라는 이름을 얻은 곳인데, 시간이 흐르면서 뭍과 이어지는 바람에 이제는 보통 몰운'대'라 부른다. 물론 섬 아닌 이 섬에는 몰운대라는 이름의 정자도 만들어져 있다.

회원관懷遠館[19] 다대포 객사, 유형문화재 3호, 「충신 정운공 순의비」 입구

---

19) 다대포 첨사영(첨사가 근무하는 부대)의 객사(손님 숙소)로 사용된 건물이다. 최초 건축 시기는 알 수 없고 1825년(순조 25)에 중건했다. 본래는 임진왜란 당시 다대포 첨사로서 순절한 윤흥신 공을 기려 조성된 윤공단 아래(부산 유아교육진흥원)에 있었는데 1970년에 지금 자리로 옮겼다.

몰운대 끝자락에 정운공 순의비가 있다. 지금 비를 찾아가는 길이다. 본래 섬이었던 곳답게 몰운대 산책길은 바다 냄새가 물씬하다. 울창한 숲 사이로 난 길이지만 오르막 내내 오른쪽으로 바다의 풍광이 눈부시게 이어진다. 놀이 질 무렵이면 특히 아름다운 일몰 경치를 보여준다고 한다. 하지만 일몰까지 기다릴 수는 없다. 몰운대 입구와 정운공 순의비 중간쯤, 다대포 객사 앞에서 본 입간판의 '경고문' 때문이다.

　경고문은 '①이 지역은 군사 작전 지역입니다. ②군 경계 작전을 위해 등산객, 낚시꾼은 다음 통제 시간을 준수해 주시기 바랍니다. 하절기(4월 1일-9월 30일): 20시-05시, 동절기(10월 1일-3월 31일): 18시-06시 ③정운공 순의비 참배시 군사 시설 일체 사진 촬영 및 화상 통화를 하실 수 없습니다.'라고 안내하고 있다.

정운 충신각, 사당 전남 해남군 옥천면 대산리 534-1

정해진 시간 외에는 출입을 통제한다는 것과, 정운공 순의비 주변에서는 함부로 사진을 촬영하면 안 된다는 것이 주된 내용이다. 지금이 오후 5시이니 정운공 순의비를 참배하는 데에는 문제가 없다. 그래도 마음이 급해진다. 다대포 객사를 오른쪽에 두고 줄곧 뛰듯이 안으로 들어간다. 이내 '환영합니다'라는 제목의 안내판이 철조망 대문에 걸려 있는 광경이 나타난다. 전화번호가 친절하게 밝혀져 있고, 굳게 잠긴 대문 오른쪽에는 인터폰도 보인다.

"사전에 출입 허가를 받지 않으신 분은 들어올 수 없습니다."

안내판에는 밝혀져 있지 않았지만, 정운공 순의비를 참배하려면 통제 시간과 관계없이 사전에 출입 허가를 받아야 한다는 것이 병사의 답변이다. 아무 때나 불쑥 찾아와서는 정운공 순의비를 볼 수 없다는 말이다. 군 부대 안으로 들어가야 하는 일이니 당연하다. 어째서 그 생각을 못했을까? 군 부대 안을 아무 때나 들어갈 수 있다고 생각한 것이 어리석었다. 1592년에 전사한 정운 장군은 420년도 더 지난 지금껏 군대 생활을 하고 계시는구나!

발길을 돌릴 수밖에 없다. 내려오는 길에 '몰운대' 시비를 본다. 정운공 순의비를 찾아 허위허위 섬(!) 안으로 들어서던 때에는 보지 못했던 것이다. 받침돌에는 사하 지역 발전 협의회가 1999년 6월 12일에 이 시비를 세웠다고 밝혀져 있다.

浩蕩風濤千萬里
호탕한 바람과 파도 천리 만리 이어지네
白雲天牛沒孤臺
하늘가 몰운대는 흰 구름에 묻혔고
扶桑曉日車輪赤
새벽바다 돋는 해는 붉은 수레바퀴 같아라
常見仙人賀鶴來
날마다 학을 타고 신선이 오시는 이곳

태종대, 해운대와 함께 '부산의 3대'로 일컬어지는 몰운대의 아름다움을 아주 잘 형상화한 이 한시는 동래 부사 이춘원李春元(1571~1634)의 작품이다. 이춘원은 1613년(광해 5)과 1617년(광해 9) 두 차례에 걸쳐 인목 대비 폐비 등에 반대하다가 좌승지와 충청 관찰사에서 파직된 인물이다. 꼬장꼬장한 선비 이춘원이 몰운대만은 너무나 부드럽게 지었다. 지은이의 문학적 재능에 감탄이 일어난다.

이곳에 안방준의 명언 비를 세워 답사자들이 읽을 수 있게 하면 좋으리라! 안방준은 《부산 기사釜山記事》에서 '국가를 되찾은 것은 호남을 잘 보전했기 때문이고國家之恢復由於湖南之保全, 호남을 잘 보전한 것은 이순신의 수전에서 힘입은 것이며湖南之保全由於舜臣之水戰, 이공의 수전은 모두가 녹도 만호 정운의 용력에서 말미암은 것이다舜臣之水戰皆出於鹿島萬戶鄭運首事嘗試之力也.'라고 썼다.

맨 왼쪽,
본래 섬의 끝이었던 곳,
지금은 뭍의 끝이 된 곳에
1592년 9월 1일
부산포 해전에서 순절한
정운 장군의 비가 있다.
오늘도 장군의 비는
일본군이 쳐들어 온
바다를 바라보고 있다.
우리가 잊고 있는 그
바다……

정운공 순의비

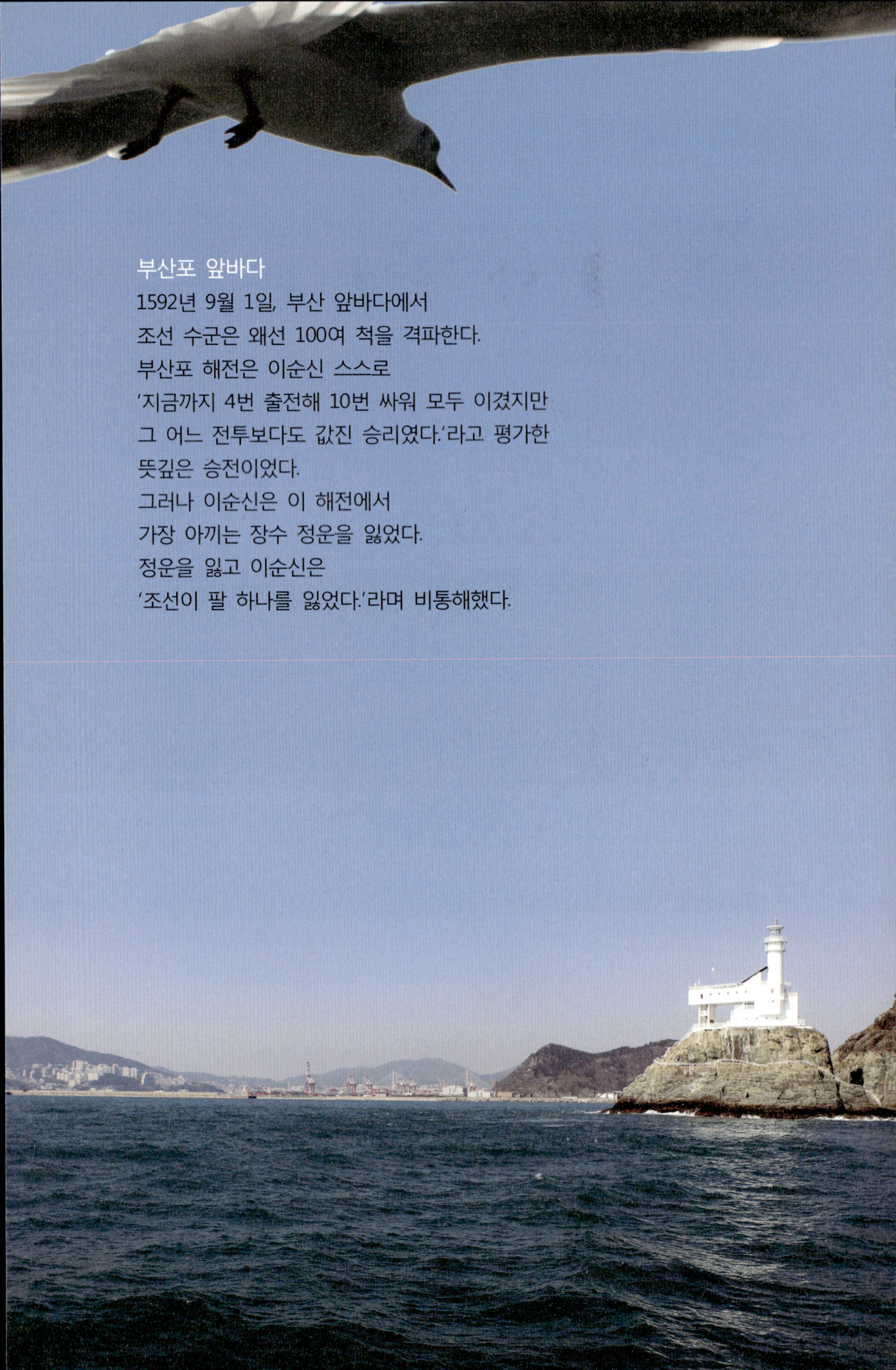

부산포 앞바다
1592년 9월 1일, 부산 앞바다에서
조선 수군은 왜선 100여 척을 격파한다.
부산포 해전은 이순신 스스로
'지금까지 4번 출전해 10번 싸워 모두 이겼지만
그 어느 전투보다도 값진 승리였다.'라고 평가한
뜻깊은 승전이었다.
그러나 이순신은 이 해전에서
가장 아끼는 장수 정운을 잃었다.
정운을 잃고 이순신은
'조선이 팔 하나를 잃었다.'라며 비통해했다.

부산 영도, 가덕도, 오륙도
부산 앞바다에 서려 있는 이순신의 슬픔

　정운을 기려 세워진 몰운대의 정운공 순의비를 보노라면 1592년 9월 1일에 벌어진 부산포 해전이 궁금해진다. 부산포 해전은 이순신이 전투 이후 조정에 장계「부산釜山파왜병破倭兵장狀」을 보내면서 '지금까지 네 번 출전해서 열 번 싸워 모두 이겼지만 이번보다 더 큰 승리는 없었다.'라고 스스로 만족해했던 승전이다. 또한 '변란(임진왜란)이 생긴 이후 충의심으로 불타올라 적과 함께 죽기를 원한다고 맹세하면서 늘 앞장서서 싸웠는데 이번 싸움에서도 죽음을 무릅쓰고 돌진하다가 적의 큰 철환이 이마를 꿰뚫는 바람에 전사하였으니 지극히 참담하고 비통합니다.'라고 정운의 죽음을 슬퍼했던 전투이기도 하다.
　《난중일기》에는 부산포 해전에 관한 기록이 없다. 당포(통영시 산양읍 삼덕리) 승전을 기록한 6월 2일 일기, 당항포(고성군 당항리)에서 왜적을 격파한 6월 5일 일기, 율포(거제시 구영리)에서 적선 3척을 사로잡고 왜군 36명의 목을 벤 6월 7일 일기가 이어지다가 6월 11일부터 8월 23일까지는 일기가 아예 없다.

그 후 일기는 8월 24일부터 8월 28일까지 잠깐 이어지지만 그 다음날부터 1593년 1월 말일 사이에는 또 다시 기록을 멈춘다. 부산 앞바다 전투가 8월 29일부터 시작된다는 사실을 생각하면 일기는 전투 전날에서 끊긴 것이다. 즉 부산포 해전의 경과를 알기 위해서는 장계「부산 파왜병 장」을 읽어야 한다. 부산 파왜병 장은 부산에서 왜적을 격파한 군사 보고서라는 뜻이다.

장계는 8월 24일에 있었던 일부터 기록한다. 이순신은 전라도의 전선 74척과 협선 92척을 예전보다 배나 엄격하게 정비했다고 보고한다. 이때 전선은 거북선이 아니라 판옥선을 말하고[20] 협선은 정탐용 등 전투선이 아닌 작은 배를 가리킨다.

8월 1일 이래 전라도 수군은 본영 앞바다에 도착하여 진을 쳐 왔다. 본영은 삼도수군통제사가 근무하는 한산도의 통제영이 아니라 여수의 전라 좌수영이다. 이순신은 초대 삼도수군통제사가 되지만 그것은 지금으로부터 1년 뒤인 1593년 8월 이후의 일이고, 현재는 전라 좌수사이기 때문이다.

8월 24일, 이순신은 전라 우수사 이억기 등과 함께 배를 띄워 경상도 수역으로 들어간다. 조방장 정걸丁傑도 동행한다. 전라도 수군은 남해 땅 관음포(남해군 고현면)에서 밤을 지낸다.

8월 25일, 사전에 만나기로 약속한 사량도 바다에서 경상 우수사 원균과 회동한다. 여기서 이순신은 원균으로부터 적의 동태에 대한 자세한 소식을 듣는다. 사량도의 서쪽에는 남해군 창선도와 남해도가 있고, 동쪽에는 통영시 미륵도와 한산도가 있다.

---

[20] 1592년 6월 2일자 《난중일기》에서 이순신은 '당포 앞 선창에 이르니 적선 20여 척이 줄지어 정박해 있어 우리 배가 에워싸고 싸웠다.'면서 '적선 중 큰 배 한 척은 우리 판옥선과 엇비슷한 크기였다.'라고 적고 있다. 6월 5일자 일기에도 '고성 당항포에 이르렀는데 왜적의 큰 배 한 척이 우리나라 판옥선과 흡사했다.'라고 적고 있다. 일본의 큰 배는 안택선으로 조선의 주력 전함 판옥선과 겉모습이 실제로 비슷했다.

이 모든 섬들이 경상 우수사의 관할 구역이다. 전라도에서 온 이순신이 경상 우수사 원균으로부터 적의 동태에 대해 설명을 듣는 것은 당연한 일이다. 경상 좌수사는 없다. 임진왜란이 시작된 4월 14일 부산진성이 함락되고, 그 이튿날 동래 읍성이 적의 손에 들어가자 경상 좌수사 박홍은 도주했고, 그날 이후 부산 일대가 적의 주둔지가 되어버렸으므로 경상 좌수영은 존재할 수가 없게 되었기 때문이다.

8월 25일 밤을 당포에서 보낸 이순신, 원균 등 조선 수군은 다음날인 26일에는 비바람에 발이 묶여 바다로 나아가지 못한다. 비가 불고 바람이 몰아치는 날씨는 하루 내내 지속되다가 날이 저물어서야 잠잠해진다. 조선 수군은 어둠을 틈타 거제도로 옮겨가고, 27일에는 웅천(진해) 제포(제덕동)와 서원포(원포동)에서 밤을 샌다.

조선 수군은 1592년 9월 1일 영도 앞에서 왜적 안택선 2척을 격침하고 부산 앞바다로 나아갔다. 사진은 영도 앞 세칭 '주전자 섬'.

28일에는 경상도의 육군 탐색병이 와서 '고성, 진해, 창원 등지에 진을 치고 있던 왜적들이 이달 24일과 25일 밤에 모두 도망갔습니다.'라고 보고한다. 높은 산에 올라 망을 보고 있던 왜적들이 아군 수군의 위세에 겁을 먹고 도망친 것이다.

우리 수군은 아침 일찍 서원포를 출발해서 양산과 김해 옆을 흐르는 서낙동강 앞바다까지 전진한다. 창원 구곡포에서 미역이나 조개 등을 채취해서 생활하는 정말석丁末石이라는 보자기가 포로가 되었다가 사흘 만에 서낙동강으로 도망쳐 나왔다면서 수군 군영으로 찾아왔다. 정말석은 '김해강에 정박해 있던 왜적 전함들이 사나흘 내내 떼를 지어 몰운대 바깥 바다로 나갔는데 도망치는 게 분명했습니다. 소인은 어수선한 틈을 타 탈출했습니다.' 하고 말했다.

부산 강서구와 김해 사이를 흐르는 서낙동강. 이순신의 장계 「부산파왜병장」에는 '김해 강'으로 나온다.

가덕도에서 바라본 거제도
8월 28일 가덕도에서 밤을 보낸 조선 수군은
8월 29일 닭이 울 무렵 출발하여 서낙동강 앞바다로 갔다.

이순신은 가덕도 북쪽에 배들을 감추어 둔 채, 방답 첨사 이순신과 광양 현감 어영담에게 양산 쪽 적선을 살펴보게 했다. 두 사람이 하루 종일 망을 보았으나 왜적의 움직임은 미미했다. 작은 배 네 척이 강에서 나와 몰운대 앞을 지나 부산 쪽으로 간 것이 전부였다. 걱정할 일이 없었으므로 조선 수군은 가덕도로 들어가 밤을 보냈다.

8월 29일, 조선 수군은 닭이 울 때 출발하여 날이 샐 무렵 두 강 앞바다에 도착했다. 여기서 두 강은 서낙동강과 동낙동강을 말한다. 두 강 사이에 김해 공항을 거느린 부산 강서구가 있고, 동낙동강 끝부분에 을숙도가 있다.

이순신은 장계에 '낙오된 왜적들이 큰 배 4척과 작은 배 2척에 나누어 타고 동래 장림포 앞바다로 나오다가 우리 군사를 보고는 배를 버리고 뭍으로 올라가므로 경상 우수사의 수군이 나서서 적선들을 깨뜨리고 왜적의 머리 한 개를 베었습니다.'라고 적었다.

장계 속의 동래는 현재의 동래구가 아니라 부산시 자체를 가리킨다. 장림포도 오늘날의 동래구 소속이 아니라 사하구 장림동이다. 동낙동강 하류와 다대포 해수욕장 사이에서 원균의 경상 우수영 수군이 왜적 전함들을 격파한 것이다.

이순신은 '군사를 좌우로 나누어 두 강으로 들어가고 싶었지만 강어귀가 좁고 얕아 판옥선 같은 큰 배는 들어가서 싸울 수가 없겠다.'[21] 싶어, 하는 수 없이 어두워지기 시작할 무렵 가덕도 북쪽

---

21) 이순신에 이어 2대 삼도수군통제사가 된 원균은 1597년 7월 16일 칠천량에서 왜군의 야습에 당해 조선 수군이 보유했던 대부분의 판옥선을 잃고, 대부분 장졸들의 목숨을 바다에 버리게 된다. 원균이 이날(1592년 8월 29일) 동낙동강 앞에서 왜적을 추격하려다 멈춘 교훈만 기억했더라도 조선 수군 최대, 최초의 대패는 없었을 것이다. 칠천량 역시 물이 얕고 좁아 판옥선 같은 거대 전함이 전투를 수행하기 어려운 지역이기 때문이다. 그래서 경상 우수사 배설, 전라 우수사 이억기 등이 칠천량 정박을 반대했는데, 원균의 고

으로 철수했다. 이날 밤 이순신, 원균, 이억기 등은 밤새도록 작전을 상의하였다.

9월 1일, 조선 수군은 화준구미(몰운대와 쥐섬 사이 추정)에서 왜적의 큰 배 5척, 다대포 앞바다에서 왜적의 큰 배 8척, 서평포(부산 구평포) 앞바다에서 왜적의 큰 배 9척, 절영도(영도)에서 왜적의 큰 배 2척을 격침시킨다.

왜적은 아군의 위세에 눌려 산으로 도망쳤다. 아군은 절영도 안팎을 샅샅이 뒤졌으나 적병들은 종적이 묘연했다. 작은 배들을 부산 앞바다로 보내 정탐하니 약 500여 척의 적선들이 동쪽 산기슭 언덕 아래에 줄지어 정박해 있었다. 그 중 선봉에 있던 왜적의 큰 배 4척이 멀리 초량 쪽으로 움직였다.

"지금 공격하지 않고 그냥 돌아가면 적들은 반드시 우리 조선 수군을 우습게 여길 것이오."

장수들의 의견이 일치했다. 장수들이 깃발을 휘둘러 싸움을 독려하자 우부장인 녹도 만호 정운, 거북선의 돌격장인 군관 이언량, 정부장인 방답 첨사 이순신, 중위장인 순천 부사 권준, 좌부장인 낙안 군수 신호 등이 앞장서서 진격했다. 아군 전함들은 승세를 타고 깃발을 흔들면서, 또 북을 치면서 나아갔다. 판옥선들이 바다를 가르면서 진격하는 모양은 이른바 장사진長蛇陣, 뱀이 앞으로 나아가는 형세를 이루어 꿈틀거리며 돌진해 들어갔다. 금세 왜적 선봉대의 큰 배 4척이 화염에 휩싸인 채 바닷물 속으로 가라앉았다. 적도들은 헤엄을 쳐서 뭍으로 올라갔다.

집을 꺾지 못했고, 결국 처참한 참패로 이어졌다. 《선조실록》 1597년 7월 22일자 기사를 보면 선조는 칠천량 참패와 관련하여 "배설은 '비록 군법에 의하여 나 홀로 죽음을 당할지언정 군졸들을 어떻게 사지에 들여보내겠는가?'라고 했다고 한다. (중략) 이번 일은 도원수가 원균을 (부산 앞바다로 빨리 진격하라고) 독촉했기 때문에 (빨리 출발하기 좋은 칠천량에 정박하게 되었고, 그래서) 이와 같은 패배가 있게 된 것"이라고 말한다.

1592년 9월 1일, 영도 앞바다에서 왜적을 격파한 조선 수군은 섬에 올라 도망간 적군들을 수색했으나 찾을 수 없었다.

왜적 전함들은 부산진성 동쪽에서 5리쯤 되는 언덕 아래에 세 군데로 나뉘어 정박해 있었다. 큰 배, 중간 배, 작은 배 모두 합쳐 대략 470여 척쯤 되었지만, 아군의 위세에 눌려 감히 바다 가운데로 들어올 마음도 먹지 못했다. 판옥선들이 바다를 짓이기듯이 밀고 들어가자 적선에 타고 있던 왜적들과 산 위의 소굴 속에 있던 왜적들은 모두 총과 활을 옆구리에 끼고 산으로 올라갔다.

적들은 여섯 군데에 진을 친 채 아래를 내려보며 총알과 화살 퍼부어댔다. 마치 비가 오고 우박이 쏟아지는 듯했다. 적들 중 편전을 쏘는 자들은 모든 조선인인 것처럼 보였다.[22]

적들은 큰 철환도 쏘았는데 크기가 모과만 했다. 또 사발 크기만큼 굵은 자갈들도 날려 보냈다. 철환과 돌덩어리들이 아군 배에 후두둑 떨어졌다. 적이 거칠게 반격하자 아군 장수들은 더욱 분발하여 죽음을 두려워하지 않게 되었다. 우리는 천자포, 지자포, 장군전, 피령전, 장편전, 철환 등을 일제히 쏘아 올렸다. 전투는 하루 종일 계속되었다.

날이 어두워지도록 싸운 성과가 있어 적선 100여 척이 가루가 되었다. 왜적들은 화살에 맞아죽은 자들을 토굴 속으로 끌고 들어갔는데 그 수가 얼마인지는 알 수 없었다. 이순신은 뭍으로 올려보낼 용사들을 선발해서 적병들을 모두 섬멸하고 싶었지만 참았다. 아직도 수를 헤아릴 수 없을 만큼 많은 적병들이 성 안팎 6~7곳에 진을 친 채 말을 달리고 있는 상황에, 말도 없는 보병 군사들을 가벼이 뭍으로 올려보낸다는 것은 위험천만한 일이기 때문이었다.

어느덧 자정이 되었다. 이대로 적의 소굴 속에 머물러 있다가는 앞뒤로 공격을 당할 우려가 있다. 아군은 가덕도로 철수했다.

---

22) 《선조실록》 1592년 6월 28일자 기사 중 김성일의 장계에 나오는 내용이 연상되는 대목이다. 김성일은 나라를 배신한 백성들이 오히려 왜적의 편에 서서 아군을 공격하는 실상도 알리면서 '왜적은 몇 명 안 되지만 그 중 절반이 배반한 백성들이니半是叛民 매우 한심합니다極可寒心.'라고 보고했다.

이순신은 '그 동안 4차례 출전하여 10번 맞붙어 싸워서 모두 승리했으나 장수와 군사들의 공로를 말한다면 이번 부산 싸움보다 더 큰 것은 없을 것입니다. 전에 싸울 때는 적선의 수가 많아도 70여 척에 불과했으나 이번에는 큰 적의 소굴에 줄지어 정박해 있는 470여 척 속으로 군사의 위세를 한껏 떨치며 돌진해 들어갔습니다. 겁을 내거나 꺾이는 일 없이 하루 종일 마구 공격하여 적선을 100여 척이나 때려 부수었습니다.' 하고 장계를 썼다. 그러나 이순신은 '녹도 만호 정운이 전사했으니 지극히 참담하고 원통합니다.'라는 말도 장계에 적어야 했다.

부산 앞바다, 이순신에게 큰 승리를 안겨준 영광의 무대이기도 했지만, 아끼는 장수를 잃고 통곡해야 했던 눈물과 고통의 참담한 싸움터이기도 했다.

영도에서 바라본 부산 앞바다

부산은 이순신에게 또 다른 '추억'의 장소이다. 부산 앞바다는 전라 좌수사 이순신이 1592년 9월 1일 적선 100여 척을 격파한 대첩지이자 동시에 녹도 만호 정운을 잃은 비극의 현장이지만, 삼도 수군 통제사 이순신을 감옥으로 보낸 통한의 바다이기도 하다.

선조는 1597년 2월 6일 이순신 체포령을 내린다.23) 선조가 밝힌 이순신의 죄목은 크게 세 가지로 '첫째, 조정을 속여 임금을 무시한 죄, 둘째, 적을 치지 않고 놓아주어 나라를 저버린 죄, 셋째, 남의 공을 가로채고 남을 모함한 죄'이다. 그렇게 죄목을 나열한 선조는 대신들에게 '이렇게 죄가 많으니 법으로 용서할 수가 없다. 신하로서 임금을 속인 자는 반드시 죽여야 할 것이다. 어떻게 처리할 것인지 결정하라.' 하고 말한다.

선조가 말한 세 가지 죄목이 어떤 과정을 거쳐 이순신에게 발생했는지 알아본다.

1596년 12월 1일, 소서행장이 보낸 밀사 요시라要時羅가 경상 우병영을 찾아온다. 요시라와 경상 우병사 김응서는 아무도 드나들지 않는 곳에서 머리를 맞댄다. 두 사람은 이미 여러 차례 만나 밀담을 주고받은 적이 있는 사이이다.

조명 연합군이 1592년 7월 15일 평양성을 처음 공격했을 때 김응서는 조방장이었다. 그 전투에서 연합군은 대패했다. 다만 김응서만은 왜적 장수의 목을 베는 등 두드러진 용전을 펼쳐 이목을 끌었다. 그 전공이 밑바탕이 되어 김응서는 승진을 거듭, 지금 경상 우병사에 이르렀다.

---

23) 《선조실록》 1597년 2월 6일자 기사에 선조의 명령이 실려 있다. 선조는 '이순신을 잡아올 때에 선전관에게 표신標信(신분 증명)과 밀부密符(비밀 명령서)를 주어 보내 잡아오도록 하고, 원균과 교대한 뒤에 잡아오라고 하라. 이순신이 만약 군사를 거느리고 적과 대치 중이면 잡아오기에 온당하지 못할 것이니, 전투가 끝난 틈을 타서 잡아오라고 하라.' 하고 지시한다.

평양 대동문

　일본군은 1592년 4월 14일 부산에 상륙했다. 4월 30일 선조는 한양을 떠났고, 적들은 5월 3일 한양에 무혈 입성했다. 선조는 6월 1일 개성에서 평양으로 떠났고, 다시 11일 의주로 옮겨갔다. 일본군은 6월 13일 대동강에 닿았는데 건너지 못했다. 조선군은 14일 대동강 중 수심이 얕은 왕성탄을 건너 일본군을 기습했다. 약간의 전과는 있었지만 이내 밀려 되돌아왔다. 일본군은 조선군이 건넌 곳이 가장 얕다는 사실을 알고 그 물길로 대동강을 넘어 왔다. 조선군은 싸움이 벌어지기 전에 철수했다. 그 후 7월 15일, 명나라 조승훈이 3,000 군사를 이끌고 평양성 탈환에 나섰다가 참패했다. 이 전투에는 조선군도 동참했지만 일본군을 가볍게 여긴 명군의 실책 때문에 치욕을 맛보았다. 8월 1일에는 조선군이 단독으로 공성에 나섰지만 성공하지 못했다. 1593년 1월 6일~9일, 이여송이 이끄는 명나라 대군과 조선 관군·승병의 조·명 연합군이 마침내 평양성을 탈환했다.

대동강

《징비록》의 평양성 탈환 전투 장면 일부 : 명나라 군대가 평양성을 포위하여 보통문과 칠성문을 공격했다. 적은 성 위에 올라 붉은 깃발, 흰 깃발을 줄지어 세우고 대항했다. 명나라 군대가 대포와 불화살을 퍼부으니 대포 소리가 땅을 울려 수십 리 밖 산까지 모두 흔들렸다. 낙상지駱尙志, 오유충吳惟忠 등의 대장들이 직접 군대를 이끌고 개미처럼 성벽에 붙어 오르는데 앞사람이 떨어지면 뒷사람이 잇달아 도전하니 후퇴하는 자가 없었다. 적의 칼과 창은 성벽 위에서 아래로 나와 있어 흡사 고슴도치의 바늘 같았다. 명나라 군대가 더욱 맹렬히 싸우니 적은 더 버티지 못하고 내성으로 달아났다.

《징비록》의 일본군 철수 장면 일부 : 적장 고니시 유키나가 등이 패잔병을 이끌고 밤에 달아나 한양으로 돌아갔다. 적들은 기력이 떨어지고 발은 부르터 절뚝거리며 갔다. 우리나라 사람은 누구 하나 그들을 공격하는 일에 나서지 않았고 명나라 군대도 그들을 추격하지 않았다. 만약 소서행장, 평의지, 현소 등을 생포했으면 한양의 적은 스스로 무너졌을 것이고, 한양의 적이 무너지면 가등청정이 함경도에서 돌아오는 길도 끊겼을 것이다. 적병들은 떨면서 바닷길을 따라 달아났겠지만 빠져나가지 못했을 것이고, 한강 이남의 적진들이 저절로 무너졌을 것이다. 그렇게 했으면 명나라 군대는 북을 치며 천천히 부산으로 가서 실컷 술만 마셨어도 되었을 것이며, 우리나라는 순식간에 깨끗해졌을 것이다.

김응서는 두 해 전인 1594년 11월 22일 소서행장을 직접 만나기도 했다. 소서행장이 경상도 함안 지곡현에서 강화 회담을 갖자고 제안하여 이루어진 만남이었다. 강화 회담은 소득 없이 끝났지만, 김응서는 그 이후 조선과 소서행장 사이를 잇는 대화 통로가 되었다. 조정도 김응서가 필요했고, 소서행장도 김응서가 요긴했던 까닭이다. 다만 조정은 김응서에게 '혼자 너무 멀리 가지 말라'는 경고는 주었다. 뿐만 아니라 1595년 7월초에는 선조가 직접 비밀 문서를 보내어 꾸짖기도 했다.

> "전쟁의 재앙이 나라를 참혹하게 만들고, 원수놈들이 나라 안에 있어 귀신도 부끄러워하고, 사람도 원통해 함이 천지에 사무쳤건만, 아직도 요망한 기운을 빨리 쓸어버리지 못하고, 원수놈과 한 하늘을 함께 이고 있음을 끊어버리지도 못하니 통분하다. 무릇 혈기가 있는 자로서 누가 팔을 부르걷고 마음을 썩이면서 원수놈들의 그 살점을 저미고 싶지 않겠는가!
> 그런데 경은 적과 마주 진치고 있는 일선 장수로서 조정의 명령도 없이 함부로 적과 대면하여 감히 패역한 말을 지껄이고, 또 여러 번 사사로이 편지를 통하여 적의 기세를 높이고, 적에게 애교를 부릴 뿐더러, 경이 앞장서서 퍼뜨리는 수호설과 강화설이 명나라에까지 미쳐 나라를 부끄럽게 하고 있는데도 조금도 거리낌이 없도다. 군율로 다스려도 모자라지 않을 것이지만, 과인은 경을 오히려 관대히 용서하고, 돈독히 타이르고, 경계하도록 책망하기도 했다.
> 그럼에도 불구하고 경은 태도에 변함이 없고 스스로 죄의 구렁텅이로 빠져 들어가고 있다. 과인은 그 까닭을 알 수가 없다. 경은 마음을 고쳐서 정신을 가다듬어 후회할 일을 하지 말라."

선조의 경고에도 아랑곳없이 김응서는 계속 요시라를 다리로 소서행장과 밀담을 주고받았다. 김응서가 임금으로부터 그런 경고를 받았다는 사실을 안 이순신이 1595년 7월 7일자 《난중일기》에 '놀랍고도 죄송스러움을 가눌 길이 없다. 김응서가 그 후 스스로 회개하고 행동을 바로잡는 데 힘쓴다는 말을 듣지 못했다. 만약 쓸개라도 있는 자라면 반드시 자살이라도 해야 마땅할 것이다.'라고 쓰는 등 많은 사람들이 격분했지만, 김응서는 변하지 않았다.

 요시라와 김응서는 계속 친밀하게 지냈다. 오늘도 두 사람은 아무도 몰래 독대를 하고 있다.

 요시라는, 아무도 없는 빈 방인데도 더 이상 은밀할 수 없을 듯이 낮은 목소리로 속삭였다. 요시라의 말은 그 누구도 믿기 어려운 놀라운 내용이었다.

 "소서행장께서는 가등청정 탓에 양국 간에 화의가 성사되지 못한다고 생각합니다. 가등청정이 너무나 강력히 전쟁을 주장하면서, 줄곧 관백關伯(풍신수길)에게 조선을 쓸어버릴 수 있다고 장담하고 있기 때문이지요. 소서행장께서는 가등을 아주 미워합니다. 그래서 비밀리에 알려드리는 말씀인데……."

 이렇게 말한 뒤 요시라는 힐끗 주위를 둘러보며 속삭였다.

 "1~2월 중으로 가등청정이 바다를 건너옵니다. 조선은 수전에 강하니 바다 가운데서 기다리고 있다가 가등청정이 조선땅에 상륙하기 전에 격멸하면 반드시 그를 죽일 수 있을 것입니다."

 요시라의 말이 끝나기도 전에 김응서의 온몸은 식은땀으로 흠뻑 젖었다.

 '우리 수군이 바다에 진을 치고 있다가 가등과 마주친다면, 충분히 그 자를 죽일 수 있다! 육전에서는 임진란 발발 이후 압록강 턱밑까지 밀렸고, 지금도 남해안 일대를 장악하고 있는 왜적들을 퇴치하지 못하고 있지만, 수전에서는 다르다! 상륙 전에 적을 차단하는 것이 최상책이지!'

왜적이 다시 침략해오면 상륙 전에 격멸해야 한다는 인식은 수군의 연전연승을 경험한 후 조선 조정이 뼈저리게 깨달은 진실이었다. 전쟁 발발 전에는 '일본은 섬나라이기 때문에 수군이 막강하고 육군은 약하다'라고 잘못 알고 있었고, 그 탓에 선조와 조정 고관들은 수군 폐지령을 내리기도 했었다. 그들은 이순신이 이끄는 수군이 계속 일본 전함을 무찔러 남해 바다를 장악하자 그제야 사실을 정확히 파악하게 되었다.24)

김응서는 요시라의 제공 기밀을 즉각 선조에게 보고했다. 선조는 그즈음 '왜적과 화의和議하자고 말하는 자는 참수하겠다.'라고 공언할 정도로 복수심에 들끓고 있었다. 선조는 '결단코 왜적과 강화를 할 수 없다'는 내용의 시까지 써서 관리들에게 '읽으라!' 했다.

死吾寧忍
한번 죽는 것은 내 참을 수 있다.
求和願不聞
하지만 강화를 하자는 말은 들을 수 없다.

---

24) 다만 이순신만은 사변 발발 직후인 1592년 4월 30일에 이미 그 점을 간파하고 있었다. 아직 한 번의 전투도 치러보지 않았으면서도 이순신의 혜안은 놀라웠다. 이순신의 장계는 왜적이 뭍에 오르기 이전에 진압해야 한다는 것이었다.
'왜적이 오늘날 우리를 업신여기는 것은 모두 해전에서 막아내지 못하고 적을 마음대로 상륙하게 하였기 때문입니다. 처음 쳐들어 왔을 때 부산과 동래의 연해안 수군 장수들이 배를 잘 정비한 뒤 바다에 가득 진을 벌여 엄격한 위세를 보였더라면 적이 육지에 기어오르지 못했을 것이며, 나라가 이토록 욕을 보게 되지는 않았을 것입니다.'
이순신의 장계는 원균의 무능 때문에 나라가 이 지경이 되었다는 뜻으로 읽힐 수도 있었다. 처음 왜적이 쳐들어 왔을 때 원균이 막지 못한 것 또한 사실인 까닭이다. 아무튼 이 장계는 뒷날 원균이 이순신에 대해 원망을 품게 되는 한 요인으로 작용했다.

如何倡邪說
그런데 어찌 강화하자는 사악한 말이 번져
敗義惑三軍
대의를 해치고 삼군을 현혹시키는가

그런 선조에게 '두 왕자를 잡아간' 가등청정을 죽일 절호의 기회가 왔다는 김응서의 보고가 들어갔다. 선조는 즉시 고위 관리들을 모았다. 하루 종일 회의가 이어졌다. 결론은 다음날인 12월 5일에 내려졌다.

"가등청정이 1~2월 사이에 나온다고 하니, 미리 통제사(이순신)로 하여금 정탐군을 파견하여 살피게 한 다음, 바다를 건너오는 날 해상에서 요격하는 것이 상책이오. 다만 가등이 바다를 건너오는 정확한 날을 알아내는 것이 어려우니, 요시라에게 후한 뇌물을 주어 그 날짜를 알아내도록 하시오."

영도에서 바라본 대마도 방향의 바다
1592년 4월에도, 1597년 1월에도 가등청정은 이 길로 쳐들어 왔다. 1596년 12월, 소서행장이 그럴 듯한 말을 던져 이 바다로 유인했지만 충무공은 속지 않았다. 그러나 선조와 조정 고관들은 속았고, 그들은 도리어 이순신을 투옥했다.

요시라의 정보가 접수된 지 한 달이 되도록 조선 조정은 가등청정의 도해渡海 날짜를 알아내지 못하였다. 어쩔 수 없이 영의정 이산해가 12월 25일 선조에게 아뢰었다.

"지금 시급히 할 일은 가등청정이 바다를 건너오지 못하게 하는 것입니다. 만약 그 날짜를 알지 못해 만약 가등청정이 육지에 올라서게 된다면 죽기를 각오한 용감한 군사들을 뽑아 보내어 길목 좌우에 매복하고 있다가 일거에 습격해야 합니다. 따라서 가등의 도해 일시가 접수되기만 기다릴 것이 아니라 만약의 경우를 대비하여 날래고 용감한 육군 장졸들을 적당한 곳에 매복하는 조치를 취해야 할 것입니다. 그렇게 하면 가등을 죽이는 데 성공할 수 있습니다."

그렇게 논란을 거듭하면서 병신년(1596)을 보내고 이제 막 정유년(1597) 새해 첫날 해가 뜨기를 기다리고 있는 중에 김응서의 비밀 보고서가 도착했다. 가등이 올해(1597년) 1월 중순에 바다를 건넌다는 소식이었다.

황급히 선조와 대신들이 참가하는 어전 회의가 열렸다. 지난 해(1596) 12월 초하루부터 지금까지 한 달 동안 날마다 토론했던 문제에 대한 최종 조치를 결정하는 순간이었다. 선조가 말했다.

"소서와 가등이 서로 극심히 불화한 사이라는 것은 천하가 다 아는 사실이오. 우리가 이번 소서의 제보가 믿을 만도 하다고 여기는 것도 그 때문이오. 다만 적이 우리를 속여 기만책을 흘린 것인지도 모르니 마땅히 살피고 또 살필 것이며, 여러 장수들이 경계를 더욱 철저하게 하여 앞뒤를 잘 지켜야 할 것이오. 이러한 과인의 걱정을 글에 담아 통제사(이순신)와 경상 우병사(김응서)에게 꼭 명심시키시오."

"분부대로 거행하겠나이다."

대신들이 일제히 그렇게 대답하자 선조가 말을 이었다.

"특별히 야간에는 더욱 기습에 대비하여 뜻밖의 변을 방어해야 할 것이오. 다행히 일이 성공된다면 과인은 두 사람을 공로의 으뜸首功으로 삼으려 하오. 그런즉 협력해서 작전을 수행하되 공을 다투다가 일을 그르치는 일이 없도록 하라 전하시오. 그리고 큰 바다에서 벌어지는 일이니 반드시 가등청정을 사로잡는다고 기대할 수는 없소. 비록 상륙한 이후라도 적당한 기회를 틈타 두 사람이 함께 힘을 합쳐 가등청정을 도모하면 될 것이오. 그 점에 대해서도 두 장군에게 다짐을 받으시오."

선조는 또 '가등을 죽이고 나면 우리나라는 기필코 소서행장과 서로 말이 통하는 우정을 나눌 것이다. 이를 소서행장에게 비밀리에 전하도록 하라.'는 지시도 내렸다.

이렇게 선조와 대신들이 회의를 마치려고 할 무렵, 엄청난 승전보가 당도했다. 이순신의 수하 장졸들이 부산의 왜군 기지를 급습하여 화약 창고 둘, 군량미 2만 6,000여 섬, 그 외 숫자를 헤아릴 수 없이 많은 무기와 잡물雜物들, 적진의 가옥 1,000여 채를 불태웠으며, 불길이 바람을 타고 인근에 정박 중이던 왜선에 옮겨 붙어 20여 척이 전소되었고, 왜놈 34명이 불에 타 죽었다는 보고였다.

"허허, 이런 낭보가 있나!"

선조가 기뻐하면서 만면 가득 웃음을 지었다. 대신들도 즐거운 눈빛과 말들을 나누면서 이순신의 장계를 돌려가며 읽었다. 그러나 임금과 대신들이 하나같이 이순신을 칭송하며 화기애애한 덕담을 나누는 시간은 채 하루도 지나지 않아 바위에 떨어진 유리파편처럼 산산조각으로 깨졌다.

다음날인 1597년 1월 2일 아침, 가등청정의 도해를 차단하라는 왕명을 실은 파발마가 한산도에 머물고 있는 삼도수군통제사 이순신을 향해 말발굽을 내달리는 순간, 이조 좌랑 김신국의 보고서가 조정으로 날아들었다. 하루 전의 유쾌했던 기억이 짙은 여운으로 남아 아직도 맑게 보이던 선조의 얼굴은 김신국의 글을 읽으면서 점점 붉어져갔다.

"이원익 도체찰사의 군관 정희현은 일찍이 조방장助防將으로 오랫동안 밀양 등지에서 근무를 하였습니다. 그래서 경상좌도 일원의 적진에 드나드는 사람들 중 상당수를 심복으로 삼았습니다. 하루는 도체찰사가 이 점을 염두에 두고 정희현에게 '그 자들을 통해 부산포 적진의 군사 배치 상황과 군수 물자 적재 지점을 알아내는 것이 가능한가?' 물으니 정희현이 '힘써 알아내도록 하겠습니다.' 하고 대답하였습니다.

이윽고 지난 달(1596년 12월) 12일 정희현이 왜적들의 사정에 정통한 허수석 등을 적진에 침투시켰는데, 때마침 하늘의 도움으로 서북풍이 세차게 불었습니다. 허수석 등은 이 서북풍을 이용하여 화약 창고 둘, 군량미 2만 6,000여 섬, 그 외 수를 헤아릴 수 없이 많은 무기와 잡물雜物들, 적진의 가옥 1,000여 채를 불태웠습니다. 또 불길이 바람을 타고 화산처럼 터지면서 인근에 정박 중이던 왜선에 옮겨 붙어 20여 척을 전소시켰고, 왜놈 34명이 소사燒死(불에 타 죽음)했습니다."

선조는 '이게 무슨 말인가?' 싶은 의아심으로 머리가 어지러웠다.

'어제 이순신이 올린 것과 똑 같은 내용 아닌가? 이순신의 장계는 부산 왜영을 불태운 것이 자기 수하 장졸들이라 했는데……!'

선조는 김신국의 보고서를 계속 읽었다.

"허수석 등이 큰 공을 세웠기에 도체찰사는 그들을 시켜 또 다시 일을 도모하려 계획하고 있습니다. 다만 지금 상을 내리시면 기밀이 누설될 우려가 있으므로 전하께서도 포상은 차후에 넉넉하게 하심이 옳을 줄로 생각합니다.

그런데 어제 이순신이 장계를 올려 이번 대공大功이 마치 자신의 부하들이 세운 것인 양 헛된 보고를 하였다 들었습니다. 왜적의 소굴을 불태운 당일 이순신의 부하들은 배를 옮기는 일로 부산에 왔다가 우연히 광경을 지켜보게 된 것뿐인데 돌아가서는 마치 자기들이 대공을 세운 양 이순신에게 보고한 듯합니다.

즉 이순신의 장계는 사실이 아닙니다. 만약 헛된 이순신의 보고에 따라 상 주는 일이 이뤄진다면 허수석 등이 불만을 가지게 될 것이며, 적들에게 차후의 군사 기밀이 알려져 방비가 튼튼해질 것이 분명합니다. 그리 되면 앞으로 도모하고 있는 일 또한 성사되지 못할 것입니다. 저는 도체찰사(이원익)의 지시에 따라 이 보고서를 올리는 바이니 통촉하여 주십시오."

선조와 조정이 들끓기 시작했다. 어제 이순신이 올린 보고서와 오늘 김신국이 올린 보고서는, 적을 무찌른 내용은 같되 공로자만 달랐다. 둘 중 하나는 완전한 허위인 것이다.

평소 선조 앞에서도 입만 열면 '여러 장수들 가운데 이순신이 제일!'이라고 극찬해 마지않던 이원익이 갑자기 이순신을 모함할 리도 없고, 이순신이 이토록 황당한 허위 보고서를 제출했다고 믿기도 어렵고……. 결국 선조와 대신들은 가등을 바다에서 어떻게 막을 것인가 하는 것과, 부산 왜영 침탈 공로가 과연 누구의 업적인가 하는 두 문제를 함께 논할 수밖에 없었다. 하지만 논의는 지지부진했다.

충무사 한산도의 이순신 사당

그런 상황에, 이순신이 선조와 대신들의 속을 재차 발칵 뒤집어 놓는 일이 일어났다. 1월 2일 한양을 떠난 파발마가 6일 한산도에 닿아 '출정하여 가등청정의 도해를 막으라'는 왕명을 전했지만, 이순신은 군사를 일으키지 않았다. 다음 날도, 또 그 다음 날도, 또다시 그 다음 날도 '출정하라'는 왕명을 품은 파발마는 계속 내려왔지만, 이순신은 끝내 출정하지 않았다.

이순신은 혼자, 깊은 고뇌에 빠져 있었다.

…… 지금 출전하면 우리는 남해안 일대에 주둔하고 있는 왜적 수군과, 가등청정이 몰고 온 적군 사이에 저절로 포위된다. 그러면 전멸을 당할 우려가 있다.

…… 지금은 사변이 처음 발발했던 임진년(1592) 4월과는 다르다. 그때는 우리나라 남해안에 왜적 수군이 없었다. 바다로 나아가 쳐들어오는 적들을 막기만 하면 되었다. 즉 요시라의 제보가 사실이라 하더라도 지금은 너무나 위험하다. 사실이 아니라면 더 말할 것도 없다!

…… 그런데 왕명은 출정이다. 출정을 하면 우리 수군이 전멸할 우려가 높고, 출정을 하지 않으면 내가 왕명을 거부한 중죄를 덮어쓰게 된다. 어쩔 것인가? 어떻게 해야 하나……?

그렇게 이순신이 고민을 거듭하는 사이, 이레가 지나가 어느새 1월 13일이 되었다. 시간은 급한 물살을 일으키는 파도처럼 휙 지나가버렸다. 도원수 권율이 직접 이순신을 향해 말을 달렸다.

파발마를 보내지 않고 권율이 직접 한산도로 내달린 것은 소서행장 측이 1월 11일에 보내온 정보 때문이었다. 소서행장 측이 보내온 소식은 조선 조정의 목을 조르기에 충분했다. 요시라는 김응서에게 '가등청정이 군사 7,000명을 거느리고 대마도에 머물고 있다'고 알려 왔다. '지난 4일 대마도에 도착한 가등청정이 바람이 좋은 때를 기다리고 있다. 곧 가등이 바다를 건널 것인데 조선은 어찌하고 있는지 소서행장이 궁금해 하고 있다'라는 말도 전했다.

1592년의 일본 침략군과 1597년의 가등청정은 모두 대마도에 머물다가 현해탄玄海灘을 건너 왔다. 사진은 대마도 앞 검은玄 바다海.

이제는 시간이 없다. 가등이 바다를 건너오는 때가 임박했다. 그런데 이순신은 파발마가 전하는 왕명을 듣지 않는다. 도원수를 직접 보내서라도 출정을 황급히 재촉해야 한다.

문제의 그 1월 13일, 명나라 사신 심유경을 따라 일본에 다녀온 통신 정사通信正使 황신黃愼이 올린 긴급 장계가 조정에 도착했다. 황신은 권율을 재촉하는 임무를 띠고 경상도에 머물러 있었다. 그는 장계에 '권율 도원수가 이순신의 출동을 재촉하기 위해 한산도로 떠났다.'면서 '마침 요시라가 경상도 의령에 있어 신이 그와 만났습니다. 요시라가 말하기를 "가등청정이 대마도에 머물고 있다."고 했습니다. 바람이 좋으면 가등청정은 바로 조선으로 출정한다고 합니다.'라고 썼다. 김응서가 보고한 것과 같은 내용이었다.

대신들이 황신의 장계를 다 읽었다 싶은 찰나, 황신이 두 번째로 보낸 장계가 또 도착했다. 권율이 한산도로 출발한 시기가 너무 늦어서 아무 소용도 없게 되었다는 보고였다.

"1월 12일과 13일 이틀에 걸쳐 가등의 군대는 부산에 상륙하였습니다. 경상 우병영 소속의 송충인이 부산에 다녀왔는데, 가등청정의 왜선 130여 척이 비를 무릅쓰고 바다를 건넜고, 풍세風勢가 순하지 않자 잠깐 가덕도에 정박했다가 14일에 다대포로 옮겼다고 합니다. 앞으로 가등의 군대는 서생포(울산)로 향한다고 합니다."

아무런 제지도 없이 가등의 부산 상륙이 무사히 종료되자, 1월 23일 조선 조정은 어전 회의를 열었다. 선조는 소서행장을 '왜추倭酋'라고 표현하면서 탄식을 거듭했다.

"왜추가 모든 것을 손바닥을 보이듯이 가르쳐 주었다. 그런데도 우리는 해내지 못했다. 우리나라야말로 천하에 용렬한 나라다. 우리나라는 왜추보다도 못하다. 한산도의 장수는 편안히 누워서 어떻게 해야 할 줄을 몰랐다."

'한산도의 장수'는 이순신을 지칭하는 말이었다. 윤두수가 선조를 거들었다.

"이순신은 왜구를 두려워해서가 아니라 싸우기가 싫었던 것입니다."

이산해와 김응남도 이순신을 비난하는 데 합류했다.

"이순신은 정운과 원균이 없어서 그렇게 시간을 끈 것입니다."

"일찍이 녹도 만호 정운은 싸우려 하지 않는 이순신을 칼로 참하려 했습니다. 그래서 이순신이 억지로 싸우러 나갔고, 정운은 전사했습니다. 이순신이 이긴 것은 대개 정운이 격려를 한 덕분입니다."

선조의 탄식은 끝도 없이 이어졌다.

"이제 우리나라는 끝났다. 어떻게, 어떻게 해야 하나……?"

비슷한 말들은 며칠 뒤인 27일에도 반복적으로 계속되었다.

결국 대신들이 돌아가며 이순신을 비난하는 상황이 벌어졌다. 윤두수가 맨 먼저 말을 꺼냈다.

"이순신은 조정의 명령을 듣지 않고 전쟁에 나가는 것을 싫어해서 한산도로 물러나 지키고 있어 이번의 큰 계책을 시행하지 못했습니다. 높고 낮은 관리 치고 통분해 하지 않는 사람이 없습니다."

이순신을 조정에 추천하여 크게 출세시킨 류성룡마저 윤두수의 뒤를 이어 비난 발언을 했다.

"무릇 장수는 뜻이 차고 기가 펴지면 교만하고 게을러집니다."

대신들의 질타를 듣던 선조도 한 마디 꺼냈다.

"중국 장수들이 못하는 짓 없이 제 나라 조정을 속이고 있는데 이런 습성을 우리나라 장수들도 답습하고 있다. 이순신이 부산 왜영을 불태웠다고 조정을 속여 거짓 보고를 했다. 이제는 이순신이 가등청정의 목을 베어 오더라도 용서할 수 없다. 무장으로서 어찌 조정을 경멸하는 마음을 가질 수 있단 말인가?"

김수가 말했다.

"부산 왜영을 이원익 도체찰사의 명에 따라 정희현, 허수석 등이 불태운 게 사실이라면 자신의 부하들이 큰 공을 세운 양 허위 보고를 한 이순신은 용서할 수 없습니다."

정탁이 약간 이순신을 해명하는 듯한 발언을 했다.

"이순신의 장계에 진술된 사실들은 허망虛妄에 가까우므로 어찌 그런 보고서를 이순신이 올렸는지 괴상하기는 하오나, 만일 아랫사람들이 자랑하고 떠드는 말만 듣고 정확히 살피지 않은 채 그렇게 쓴 게 아닌가 여겨집니다."

정탁의 말이 끝나자 선조가 중얼거렸다.

"이원익이 '평시에는 원균을 장수로 삼아서는 안 되지만 전시에는 써야 한다.'고 말한 것이 생각나는구나."

류성룡은 본래 이순신을 천거하여 통제사가 되도록 한 당사자이면서도 선조의 말이 끝나자 원균 편을 들었다.

"원균은 나라를 위하는 마음이 깊습니다. 충청도 상당산성을 쌓을 때는 토담집을 지어놓고 직접 거기에 살면서 축성을 감독했다고 합니다."

이산해가 말을 이어갔다.

"왜적이 사변을 일으켜 처음 쳐들어 왔을 때 원균과 이순신은 전공에 대해 천천히 장계하기로 약속을 했다고 합니다. 그런데 이순신이 밤에 몰래 혼자 장계를 올려 모두 자기의 공으로 삼았기 때문에 원균이 원망을 품었습니다."

이때 이덕형은, 이순신이 '원균은 나이 어린 자식까지 내세워 가짜 공을 세웠노라 허위 보고를 한다.'라고 모함했다는 이야기도 끄집어내었다.

"원균의 아들은 이미 나이가 18세여서 활을 쏘고 말을 타는 재주가 있어 참전을 하고 있습니다. 이순신은 '원균이 열두 살밖에 안 된 제 아들이 군공軍功을 세운 양 멋대로 조정에 보고했다.'라고 모함까지 하였습니다."

한참 논의가 진행되자 마침내 선조가 결심을 했다는 듯한 어조로 말했다.

"원균을 수군의 선봉으로 삼아야겠다."

"지당하십니다."

김응남이 맞장구를 치자, 윤두수가 한발 뒤늦게 이순신을 통제사에서 해임하자고 건의했다.

"이순신의 죄는 전하께서도 이미 통촉하고 계시지만, 이번 일로 온 나라의 인심이 모두 분노하고 있습니다. 위급할 때 장수를 바꾸는 것은 비록 어려운 일이지만 이순신의 직책을 빨리 바꿔야 할 듯합니다."

정탁은 신중론을 폈다.

"이순신에게 참으로 죄가 많습니다만 그래도 지금처럼 위급한 때에 장수를 바꾸는 것은 옳지 않습니다."

이순신을 구한 것으로 유명한 정탁이 1601년에 세운 경북 예천 **읍호정**

선조는 결심을 굳힌 듯 단호하게 말했다.

"법을 범한 사람을 어찌 매번 용서하겠는가. 왜영을 불태운 일도 이원익과 그 수하 장수들이 비밀리에 추진하여 얻은 공로인데 이순신은 마치 자기가 계획을 세워서 한 양 거짓 보고를 했다. 그런 사람은 가등청정의 목을 베어 오더라도 용서할 수 없다."

결국 2월 6일에 이르러 이순신 검거령이 떨어졌다. 선조는 이순신을 '조정을 기망하여 임금을 무시한 죄, 적을 치지 않고 놓아주어 나라를 저버린 죄, 남의 공을 가로채고 남을 모함한 죄'를 저질렀다고 공표했다. 뿐만 아니라 선조는 이순신을 죽여야 한다는 말까지 했다. 선조는 대신들에게 '이렇게 죄가 많아서는 법으로 용서할 수가 없다. 신하로서 임금을 속인 자는 반드시 죽여야 할 것이다. 어떻게 처리할 것인지 결정하라.' 하고 지시했다.

3월 4일, 이순신이 마침내 투옥되었다.

선조가 말한 '남의 공을 가로채고 남을 모함한 죄'는 대략 원균과 관계되는 일들이다. 서로 경쟁 관계에 있던 두 사람은 줄곧 불화를 빚었는데, 그렇다고 하여 그 일로 삼도수군통제사를 처형한다는 것은 어불성설일 뿐이다.

'(이순신이) 조정을 속여 임금을 무시한 죄'는 1596년 12월 부산의 적진에 불을 질러 화약 창고 둘과 군량미 2만 6,000섬, 수도 없이 많은 무기와 잡물雜物들, 가옥 1,000여 채를 잿더미로 만들고, 왜선 20여 척을 전소시키고, 왜놈 34명을 불태워 죽인 다른 사람의 업적을 이순신이 자기 부하들의 공로인 양 허위로 임금과 조정에 보고했다는 것이다. 이는 부하들의 허위 보고를 사실 확인 없이 조정에 올린 이순신의 실수로 빚어진 일이었다. 이 정도 실수 때문에 삼도수군통제사를 '임금을 속였으니 반드시 죽여야 한다.'며 처형하는 것은 지나친 일일 터이다.

'적을 치지 않고 놓아주어 나라를 저버린 죄'의 대표적 사건은 가등청정을 죽이기 위해 부산 앞바다로 출전하라는 명령을 따르지 않은 일이다. 하지만 소서행장의 제보는 일본의 간교한 유인 전술로, 만약 따랐으면 조선 수군은 1597년 7월 16일의 칠천량 대패를 겪기도 전에 판옥선과 군사들을 깊은 바다 속에 묻는 어리석음을 범했을 것이다.

선조가 말한 이순신의 죄는 대체로 부산과 관련되어 빚어진 것들이었다. 그런 까닭에서도 부산 앞바다, 그 중에서도 가덕도, 다대포, 영도, 오륙도로 이어지는 푸른 물결은 이순신의 생애에서 결코 잊힐 수 없는 '추억'의 장소라 하겠다.

가덕도 외양포의 일본군 진지 터 위에서 멀리 바라보는 거제도 사이의 바닷길, 다대포의 정운공 순의비, 영도 앞을 흘러가는 바닷물에 아련히 비치는 판옥선의 환영, 오륙도에서 응시하는 부산진성과 대마도 방향 풍경…… 이 모든 것들이 이순신의 유적이다. 인위적으로 만든 동상 따위와는 비교도 되지 않는 생생하고 뜨거운 역사의 현장이다. 그래서 '부산 갈매기'는 오늘도 창공을 힘차게 날아오르고 있다.

가덕도 일본군 포대 진지 부산 강서구 대항동 산13-23

1904년 2월 러일전쟁을 일으킨 일본은 가덕도 남단 외양포를 대한 해협 일대의 군사 거점 기지로 설정하고 민가 64호를 강제 퇴거시킨다. 이곳에는 진해만 요새 포병대대 제2중대 배치를 시작으로 1905년 5월부터 1909년 8월까지 진해만 요새 사령부가 주둔한다. 그 후에도 1945년까지 일본군 포병 대대가 계속 머물렀다.

임진왜란 당시 가덕도 눌차동에는 왜성이 있었다. 지금도 외양포에서 등대로 가는 길에는 군대가 주둔 중이고, 포구 뒷산에는 옛날의 관측소 시설이 남아 있다. 현재 설치되어 있는 등대는 항해를 돕기 위한 시설이지만 과거의 왜성과 관측소는 아군을 감시하려는 것이었다. 끊임없이 일본군이 주둔했던 어두운 역사의 흔적 외양포, 이제는 극복과 자존을 상징하는 문화유산이 되었다.

가덕도 외양포에서 바라본 거제도 쪽의 바다.
해저 도로가 개설되어 있는 이 바다는 임진왜란 당시 전쟁터였다.

김해 **선조 어서각**
선조는 왜 '대국민 시국 편지'를 썼을까

　왕조 시대, 임금御의 친필書을 받는 것은 가문의 영광이었다. 어서를 받은 가문에서는 그것을 잘 받들기 위해 별도의 집閣을 지었고, 그 집에 어서각御書閣이라는 이름을 붙였다.
　전라북도 장수군 번암면 노단리의 어서각(전북 문화재자료 32호)은 장현경張顯慶(1730~1805)이 영조로부터 받은 친필을 보존하기 위해 1799년(정조 23)에 건립된 문화 유산이다. 충청북도 청주시 상당구 가덕면 청룡리의 어서각은 신의청申義淸(1692~1792)이 받은 정조의 어서를 보관하기 위해 1812년(순조 12)에 세워졌다.
　경기도 안성시 원곡면 지문리의 어서각은 최규서崔奎瑞(1650~1735)에게 내려진 영조의 어필을, 경상북도 문경시 산북면 서중리의 안동 권씨 어서각安東權氏御書閣은 권상일權相一(1679~1760)이 받은 영조의 친필을 고이 모시고 있다.
　전라북도 장수군 산서면 오성리의 어서각에는 안성安省(?~1421)에게 하사된 태조의 친필이, 경상북도 경주시 현곡면 하구리 구산서원의 어서각에는 태종의 어서가 보관되어 있다.

전라북도 익산시 삼기면 현동사玄洞祠의 어서각에는 성종의 어필이 모셔져 있고, 충청남도 연기군 남면 고정리의 어서각에는 고려 말 강순룡康舜龍 등에게 내려진 태조·영조·정조의 어필이 봉안되어 있다.

경상북도 영천시 금호읍 약남리에도 어서각이 있다. 전삼달全三達(1570~1632)이 1599년 무과에 급제하여 창원 별장으로 있을 때 선조가 그의 성실함을 격려하면서 상과 함께 편지를 보내왔다. 또, 황해도 병마절도사로 재임 중에는 인조가 청나라를 칠 계획을 담은 편지를 보내왔다. 이곳 어서각은 1854년에 건립되었다.

경상남도 김해시 홍동 411-2에 선조 어서각宣祖御書閣이 있다. 선조 어서각은 1836년에 처음 건립되었고, 1989년에 현재 위치로 옮겨지어졌다. 그런데 경상남도 문화재자료 30호인 이 어서각의 이름에는, 전국 여느 어서각들과 달리, 임금의 시호가 붙어 있다. 그냥 어서각이 아니라 '선조' 어서각이다.

다른 어서각들은 태조 어서각, 태종 어서각, 영조 어서각, 정조 어서각 식이 아니라 그냥 '어서각'이라는 이름을 사용하는데 이곳 어서각만은 어째서 선조 어서각이라는 남다른 당호堂號(집 이름)를 가지고 있는 것일까? 이곳에 보관되어 있던 임금의 친필이 특별한 것이기 때문이다. 다른 어서각들에 봉안되어 있는 임금의 문서는 신하 개인에게 주어진 것이지만, 이곳 선조 어서각의 친필은 나라 안 모든 백성들에게 선조가 직접 한글로 써서 배포한 '국난 타개용 대국민 시국 편지'이다.

선조 어서각 김해시 홍동 411-2

보물 951호, 선조 국문 유서宣祖國文諭書가 바로 그 주인공이다. 안동 권씨 판결공파 소유물인 이곳의 선조 국문 유서 원본은 현재 부산 시립 박물관에 엄중하게 봉안되어 있다. 1975년에 도난을 당했다가 되찾은 적이 있어 선조 어서각보다 훨씬 크고 경비가 삼엄한 부산 시립 박물관을 새로운 어서각으로 선택한 것이다. 지금 선조 어서각에 걸려 있는 선조 국문 유서는 복사본이다.

문화재청 누리집의 설명에 따르면 선조국문유서는 1593년(선조 26) 임진왜란 당시 피란하여 의주에 머물고 있던 '선조가 백성들에게 내린 한글로 쓴 교서'이다. 이 무렵은 임금과 조정에 대한 누적된 반감이 전쟁을 맞아 폭발한 시기였다.

백성들 중에는 왜적에 협조하여 오히려 조정과 관리들에게 대항한 경우가 적지 않았다. 특히 포로가 되었을 때에는 더 그러했다. '선조는 일반 대중이 쉽게 알 수 있는 한글로 쓴 교서를 내려 포로가 된 백성을 회유'하여 돌아오게 하려는 목적에서 친필 한글 편지를 써서 1593년 9월 전국에 배포했다.

어서각 사당이 앞에 있고 어서각이 뒤에 있는 특이한 배치를 보여준다.

선조로서는 그렇게 할 수밖에 없었다. 국토의 절반을 이미 일본군에게 빼앗기기도 했지만, 1592년 6월 28일 김성일이 보내온 장계를 읽고 받은 충격이 너무나 컸다.

김성일은 '왜적은 대부대가 서울로 떠난 뒤 잔여 왜적이 100여 명씩, 혹은 50~60명씩 곳곳에 주둔하고 있습니다. 성주성을 점거하고 있는 적은 고작 40~50명인데도 아군이 감히 그 소굴을 엿보지 못하는 실정입니다. 왜적이 목사나 판관을 자칭하면서 관곡을 나누어 주니 백성들이 모두 복종하고 있습니다.' 하고 한탄했다.

그는 또 '수사(원균)가 성으로 들어갈 계획으로 고성현 지경에 배를 대자 왜적 100여 명이 배반한 백성들을 거느리고 재차 와서 성을 점거했습니다.'라면서 나라를 배신한 백성들이 오히려 왜적의 편에 서서 아군을 공격하는 실상도 알렸다. 김성일은 배반한 백성들이 사방에서 일어나 고성 현령을 죽이려 한 사건까지 보고하면서 '왜적은 몇 안 되지만 그 중 반이 배반한 백성들이니半是叛民 매우 한심합니다極可寒心.' 하고 결론을 내렸다.

현충사 선조 어서각의 사당

김성일의 보고 외에도 임금과 조정에 대한 백성들의 이반離反을 알려주는 장계는 쏟아졌다. 결국 선조는 선조 국문 유서를 써서 나라 안 방방골골에 뿌렸다.

선조 국문 유서에는 '어쩔 수 없이 왜인에게 붙들려 간 백성은 죄를 묻지 않는다는 것과, 왜군을 잡아오거나 왜군의 정보를 알아오는 사람, 또는 포로로 잡힌 우리 백성들을 많이 데리고 나오는 사람에게는 천민, 양민을 가리지 않고 벼슬을 내릴 것을 약속한 내용들이 실려 있다. 임진왜란 당시의 상황을 알아볼 수 있다는 점과 한글로 쓰였다는 점에서 국문학 연구에도 귀중한 자료가 된다.'

권탁權卓(1544~1593)은 선조 국문 유서를 품고 '적진에 몰래 들어가 적 수십 명을 죽이고 우리 백성 100여 명을 구해 나왔다.' 그는 본래 김해 읍성을 의무적으로 지켜야 하는 관리가 아니었다. 경북 선산에서 살고 있던 마흔아홉 나이의 권탁은 선조 국문 유서를 읽고 '임금이 의주까지 몽진을 가는 치욕을 당하고 계시는데, 어찌 신하가 죽지 않고 몸을 산골짜기에 숨기겠는가!' 하며 칼을 잡고 일어섰다.

그 무렵 부산 일원은 왜적들의 점령지였다. 김해 일대도 죽도 왜성, 농소 왜성 등을 쌓은 채 군대를 주둔시키고 있던 왜장 과도직 鍋島直茂(나베시마 나오시게)의 손아귀에 들어 있었다. 그래서 모두들 남쪽 지방의 수령을 맡는 것을 두려워하고 기피했다. 권탁은 김해 지역을 지키는 임무를 자청했다. 조정의 사령使令(임명장)을 받은 권탁은 혼자 걸어서 김해까지 갔다.

권탁은 왜적의 진지 인근 수풀에 몸을 숨기고 조선인 포로들이 나타나기를 기다렸다. 이윽고 새벽이 되자 수십 명이 땔감을 구하러 나왔다. 권탁이 소리를 낮추어 '나는 김해성을 지키는 장수 권탁이다. 임금께서 너희들이 까닭도 없이 죽임을 당하실까 걱정하시어 내게 구출 명령을 내리셨다. 나를 따라 빨리 돌아가자.' 하고 말했다.

선조 어서각 전경

백성들은 놀라워하면서도 "저희들도 왜적의 종이 되기를 기꺼워 하는 것은 아닙니다. 가족들이 함께 잡혀 있어 차마 이곳을 떠나지 못할 뿐입니다." 하고 고개를 숙였다.

권탁은 품속에 지니고 온 선조 국문 유서를 백성들에게 보여주었다. 백성들이 눈물을 흘리면서 가슴을 쳤다. 권탁은 백성들에게 계책을 말해주었다.

"김해에 사는 친척들이 곧 일본으로 떠납니다. 그들이 술과 고기를 가져와서 이별 행사를 갖고자 하니 우리 가족들이 마지막 인사를 나누게 선처해 주십시오. 그리고 함께 가서서 맛난 음식을 드시지요."

그렇게 유인하면 왜군들이 따라올 것이라는 설명이었다.

과연 왜군들은 잔칫상에 탐을 내었다. 권탁은 장사 수십 명과 함께 낙동강 물가 수풀 속에 숨어서 기다리고 있었다. 왜군들이 술을 마시며 노는 것을 지켜보던 권탁은 장사들과 함께 달려나가 적을 쳤다. 놀란 왜적들이 반항했지만 술기운에 젖었을 뿐만 아니라 기습을 당한 터라 이내 전멸되었다.

권탁은 미리 준비해 둔 배에 100여 명 백성들을 무사히 싣고 돌아오는 데는 성공했다. 그러나 본인은 심각한 중상을 입은 상태였다. 1593년 11월 그는 끝내 순절했다.

선조 어서각 일원의 입구에 홍살문이 서 있다. 홍살문 오른쪽에는 재실 경충재景忠齋가 있다. 홍살문과 재실 중간에는「증 통정대부 장예원 판결사 권공 묘비廟碑(사당의 비석)」라는 빗돌이 세워져 있다. 홍살문 아래를 지나면 외삼문에 해당되는 숭의문崇義門이 계단 위에서 기다린다.

외삼문 안으로 들어선다. 그런데 외삼문이라는 일반적 명칭이 이곳에서는 별로 온당해 보이지 않는다. 외삼문을 들어서면 건물이나 뜰이 있고, 다시 내삼문을 지나 사당이 있는 것이 보통인데 비해 이곳은 외삼문을 들어서자마자 바로 사당이 나타나기 때문이다.

선조 어서각 건물은 권탁 장군을 기리는 사당 현충사顯忠祠 뒤에 있다. 현충사 뒤 경첨문敬瞻門을 지나면 선조 어서각 경내로 들어선다. 이렇게 구성되어 있으니 숭의문은 사당으로 가는 일반적 외삼문이 아니다. 어서각이 임금의 하사품인 친필을 모셔두는 곳이니 자연스레 사당보다 더 높은 위치에 세워졌고, 외삼문과 내삼문은 권탁 장군 사당의 것이 아니라 어서각의 출입문이 된 것이다.

현충사 옆에는 홍살문 오른쪽에서 본 묘비가 하나 더 있다. 본래 이곳에 묘비가 있었는데, 세월이 흘러 빗돌의 빛이 퇴색하고 겉모습도 쇠락해지자 훨씬 크고 생생한 빗돌을 홍살문 옆에 새로 세운 것이다. 다만 낡은 묘비에는 '증 통정대부 장예원 판결사 권공 묘비' 좌우로 작은 글씨들이 새겨져 있다. 2행시처럼 보이는 한문을 읽어본다.

全城之功 活民之德
성을 지켜 공을 세웠고 백성을 살려 덕을 쌓았네
許國忠烈 求世難護
나라에 충열을 바쳤고 세상의 잘못됨을 구하였네

권공 묘비

현충사와 어서각을 둘러보고 나오면서 한 가지 소망을 가져본다. 선조 국문 유서를 크게 확대한 조형물이 홍살문 옆에 건립되었으면……. 75cm × 48.8cm 크기의 닥나무 종이 원본은 부산으로 가버렸더라도, 살아있는 역사의 현장인 이곳 선조 어서각까지 찾아온 나그네들에게 선조 국문 유서 조형물을 보여준다면 박물관을 모두들 반가워하리라. 세 군데에 붉게 찍힌 유서지보諭書之寶(임금의 도장)의 선명한 자국은 보는 이들의 마음속에 임진왜란과 같은 전쟁이 낳는 비인간적 참상을 다시 한 번 아프게 되새겨 줄 것이다.

자성대(부산진지성) 부산시 기념물 7호, 동구 범일동 32-52
진남문(사진), 왜성, 천장군 기념비, 서문, 동문, 조선 통신사 역사관, 영가대

부산 **자성대**
대도시 복판에서 보는 희귀한 왜성 유적

　흔히 '자성대'라 부르는 부산진지성釜山鎭支城은 부산광역시 기념물 7호로 지정되어 있는 문화유산이다. 자성대는 우리나라 안에서 흔하게 볼 수 있는 성곽 문화재가 아니다. 성을 쌓은 사람들이 조선인이 아니라 일본인들이기 때문이다. 왜성倭城이다.
　서문 앞 안내판은 '(이곳에) 남아 있는 성지城址(성터)는 임진왜란 중인 1593년(선조 26) 일본군이 주둔할 때 모리휘원毛利輝元(모리 테루모토)이 부산진의 지성支城(성 밖에 별도로 쌓은 작은 성)으로 쌓은 일본식 성'이라고 해설한다. 부산진지성을 '자성대子城臺'라 부르는 것은 '부산진성을 모성母城으로 볼 때 그 자식의 성이라는 뜻'이다.
　그렇다면 왜 '자성'이라고 하지 않고 '대臺'를 붙여 '자성대'라고 하였을까? 안내판은 그에 대해서도 해설해준다. '산 정상에 자성子城을 만들고 장대將臺(대장의 지휘소)로 사용했다는 데서 (자성대라는 호칭이) 나왔다고 한다.' 안내판은 '그러나 원래 이곳에는 (일본인들이 왜성을 쌓은 것이 축성의 시초가 아니라) 우리나라 부산진성의 외성이 있었다고 한다.'라는 부연 설명도 덧붙인다.

임진왜란이 끝난 뒤 조선은 왜성인 이곳 부산진지성을 부수어버렸을까? 안내판에 따르면, 부산진지성은 '임진왜란 뒤에 다시 수축하여 부산진 첨사영(부산진 첨사가 지휘하는 군대의 본부 군영)으로 사용되었다.' 일본군 철수 후 조선군이 왜성을 고치고 더 쌓아 군대 주둔지로 계속 활용했다는 뜻이다.

이 대목은 '(부산진지성의) 성벽은 비스듬히 경사져 있고, 아래쪽에서 위쪽으로 올라가며 나사 모양으로 감돌며 좁혀 올렸다. 일본식 성의 연구에 좋은 자료가 된다.'라는 해설과 함께 부산진지성 성터가 문화재로 지정된 까닭을 증언해준다. 요약하면, 왜성은 성벽이 비스듬하게 쌓이고, 위로 올라가면서 나사 형태로 감돌며 좁아지는데, 뒷날 조선에서도 일본인들의 성 쌓는 기법을 축성에 일부 활용하였다.

그렇다고 하여 현재 남아 있는 부산진지성이 임진왜란 당시, 또는 조선 후기의 축성 모습을 온전히 보여주는 것은 아니다. 안내판은 '일제 때 시가지 정비 계획에 따라 성은 철거되었으며, 이때 자성대 일대의 해명(바다)이 매축(물을 메워 뭍을 만듦)되어 옛 모습이 없어졌다.'라고 말한다. 오늘날 답사자들이 보는 진동문(동문), 금루관(서문), 진남대(장대)는 1974년에 복원된 것이다.

부산진지성은 서문에서부터 답사를 시작하는 것이 좋다. 남문인 진남대는 성에서 가장 높은 지점에 있고, 북문은 복원이 되어 있지 않은 상태여서 둘 다 출발 지점으로는 부적절하다.

부산진지성의 성터는 2단으로 조성되어 있다. 이 특성을 고려할 때 서문은 최고의 출발점이다. 서문은 유난히 지대가 낮은 곳에 있어서 만약 동문에서 답사를 시작하면 서문 일대에 왔을 때 내리막으로 갔다가 다시 오르막을 올라야 한다. 동선이 길고 힘들어진다. 게다가 서문 밖에 특이한 돌기둥이 있는데, 이를 성 안에서 나오면서 보아서는 생생한 실감을 느끼기에 적합하지 않다.

울산왜성 왜성의 특징 중 한 가지인 비스듬한 성벽을 보여준다.

일본군은 전쟁 초기부터 왜성을 축조했다. 1592년(선조 25) 4월 14일~16일에 부산진성, 동래성, 다대포진성을 점령한 일본군들이 곧장 왜성 축성에 착수한 것은 전선에 병력과 물자를 보급하기 위해서였다. 그들은 한성漢城의 남산과 평양 등지에도 왜성을 축조했다.

일본군의 왜성 축성이 더욱 본격화된 것은 이순신을 비롯한 조선 수군, 전국 각지에서 창의한 의병군의 대활약, 명군의 참전에 밀려 한강 이남으로 철수한 뒤부터였다. 그들은 임진왜란 기간(1592~1598) 중에 울산 서생포 왜성, 부산 기장군 장안읍 임랑포, 기장군 죽성리, 동래, 자성대, 부산 동삼동, 구포, 강서구 죽림동 죽도, 가덕도, 안골포, 웅천, 거제 영등포, 장문포 등에 왜성을 쌓았다. 정유재란(1597~1598) 때에도 울산, 양산, 창원, 거제 왜성동, 고성, 사천, 남해, 순천 등지에 왜성을 신축했다.

일본은 전함의 출입이 용이한 강이나 바다 인근의 높은 지대에 성을 쌓았다. 기본적으로 산꼭대기나 산허리에 본성本城을 쌓고, 해안 또는 평지까지 이르는 외곽부 성벽을 설치했다. 성벽은 우리 성처럼 지면에서 수직으로 쌓은 것이 아니라 60~70° 경사지게 축조했다. 또 성벽에 각을 주어 굴곡을 많이 형성시켜 측면 방어에 유리하게 했다. 위의 사진은 울산 왜성으로, 흔히 '학성 공원'이라 부른다.

답사 순서는 서문 앞 '부산진지성 안내도'에 매겨져 있는 번호와는 다르게 잡아야 한다. 안내도의 번호는 답사 차례를 정한 숫자가 아니다. 서문과 서문 우주석을 나란히 배치하지 않고 그 사이에 동문을 끼워둔 것이나, 서문과 동문 사이에 있는 영가대와 조선 통신사 역사관을 동문과 북문 사이에 넣어둔 것만 보아도 그렇다. 안내도에는 부산진지성의 내부가 '(1)서문 (2)동문 (3)서문 우주석 (4)진남대 (5)최영 장군 비각 (6)조선 통신사 역사관 (7)영가대 (8)북문 (9)배드민턴장 (10)체육 시설 (11)화장실' 식으로 소개되어 있다.
　이윽고 '(1)서문 (2)서문 우주석 (3)영가대 (4)조선 통신사 역사관 (5)동문 (6)최영 장군 비각 (7)진남대 (8)천장군 기념비'의 답사 순서가 짜인다. 이 여정을 따르면 '부산진지성 서문 및 성곽 우주석隅柱石'을 가장 먼저 보게 된다. 부산광역시 기념물 19호인 이 문화유산의 핵심은 우주석, 즉 돌기둥이다. 성문과 성곽은 우리나라 축성 유적에서 흔히 보는 것이지만, 이곳의 것과 같은 돌기둥이 성문 좌우에 설치되어 있는 경우는 희귀하다. 그래서 부산진지성 전체가 기념물 7호인데도 성 내에 있는 '서문 및 성곽 우주석'이 기념물 19호로 재차 문화재 지정을 받은 것이다.

부산진지성 서문 우주석

이 돌기둥은 부산진지성의 중요성을 말해준다. 돌기둥을 세운 연대는 정확하게 알 수 없지만 대략 임진왜란 후 부산진지성을 새로 축성할 때 입석된 것이 아닐까 여겨진다. '이곳은 나라의 목에 해당하는 남쪽 국경으로, 서문은 나라의 자물쇠와 같다'라는 뜻의 '南徼咽喉남요인후'와 '西門鎖鑰서문쇄약' 여덟 글자가 두 개의 돌기둥에 각각 네 자씩 새겨져 있는 것이 그렇게 추정하는 단서가 된다. 임진왜란 발발 이전에 두 돌기둥이 세워졌다면 일본군들이 가만히 두었을 리 없는 내용이기 때문이다.

서문과 우주석을 본 후 성터를 오른쪽으로 돌면 이내 영가대永嘉臺와 조선통신사역사관이 나타난다. 영가대는 조선 통신사가 일본에 오갈 때 머물렀던 역사의 현장으로, 먼 항해에 배가 무사하기를 비는 해신제海神祭도 이곳에서 지냈다. 따라서 영가대 바로 옆에 조선통신사역사관을 세운 것은 역사적 의의로 보아 아주 적절한 입지 선정이다.25)

위 **영가대**, 아래 **조선통신사역사관**

조선통신사역사관을 둘러본 후 앞으로 나아가면 금세 동문이 나타난다. 동문 자리는 서문에 견줘 터도 좁은데다 성문 바로 앞에 주택들이 난립해 있어 온전한 사진을 한 장 찍는 것조차 불가능할 정도이다. 물론 서문 양 옆에 세워져 있던 것과 같은 의미 깊은 우주석도 없다. 동문이 볼 만하지 않다는 것이 아니라 서문이 그만큼 빛나는 존재라는 뜻이다.

---

25) 영가대와 조선통신사역사관에 대해서는 이 책 맨 앞에 별도의 답사기 수록.

동문에서 산책로를 따라 약간 오르막으로 걸으면 왼쪽에 최영 장군 비각이 있다는 이정표가 나타난다. 최영은 임진왜란 당시의 일본군과는 직접적 관련이 없는 인물이다. 하지만 고려 말에 창궐한 왜구를 격퇴하는 데 큰 업적을 남긴 장군이니 이곳에서 조우해도 별로 어색할 것이 없다. 이는 수영성에서 안정복 사당과 마주친 것이나 대략 비슷한 경험이다.

 최영 장군 사당을 등진 채 앞으로 나아가면 부산진지성에서 가장 뚜렷하게 확인할 수 있는 왜성 흔적들이 나타난다. 돌을 지면에서 수직으로 쌓지 않고 비스듬하게 경사를 두고 축성한 것이 왜성의 특징 중 한 가지라는 사실이 고스란히 확인된다.

위 서문, 아래 동문

 흔히 왜성은 도시에서 멀리 떨어져 있어 구경하기가 그리 쉽지 않다고 생각하기 쉽다. 실제로도 일본군은 왜성을 대체로 바닷가에 축성하였다. 그런데 이곳 부산진지성은 부산광역시 중심부에서 왜성 유적을 생생하게 보여주니 그저 놀라울 따름이다. 생각해 보면, 부산을 중심으로 동해 남부와 남해 동부는

임진왜란 7년 내내 일본군이 점령하고 있었던 '식민지'였다. 그래서 왜성이 대도시 복판에 아직도 남아 있는 것이다.

 왜성 흔적은 진남대鎭南臺로 올라가는 계단 좌우에도 뚜렷하게 남아 있다. 장군의 지휘소를 가리키는 '진남'은 본래 부산진지성 남문의 이름이다. 이곳은 장대將臺(장군의 지휘소)였으므로 성내에서 가장 높은 곳을 차지하고 있다.

천장군 기념비
진남대 옆

진남대는 서문 우주석과 더불어 성내에서 가장 볼 만한 것임에도 불구하고 문화재 지정을 받지는 못했다. 정면 5칸, 측면 4칸, 2층 팔작지붕의 이 누대는 1974년 부산진지성을 정비할 때 새로 지은 건물이기 때문이다.

진남대 옆에는 「천장군千將軍 기념비」가 있다. 명나라 장수였던 천만리는 임진왜란 때 이여송 휘하의 총독으로 5군 대장이 되어 아들과 함께 조선에 출정했다. 그는 평양, 곽산 등지에서 전공을 세웠고, 1597년(선조 30) 정유재란 때에도 울산 싸움에 참전하여 큰 업적을 이루었다.

천만리는 명군이 회군할 때 돌아가지 않고 조선에 귀화했다. 조선 조정은 그를 화산군에 봉했고, 사후에는 충장공이라는 시호도 내렸다. 천장군 기념비는 일제 강점기 때 철거되지만 광복 후인 1947년에 다시 세워졌다. 역시 나라는 '주권'을 가진 독립국이어야 한다.

왜성의 특징 중 한 가지인 비스듬한 성벽의 모습

부산 천룡사 사명대사 충의비
명나라 공주를 일본 왕의 후궁으로 보내라?

사명 대사泗溟大師(1544~1610)의 속명俗名(세상 이름)은 임응규任應奎이다. 본관은 풍천豊川으로, 아버지 임수성과 어머니 달성 서씨 사이에서 태어났다. 자는 이환離幻이고, 호에는 널리 알려진 사명당四溟堂 외에 송운松雲도 있다. 경남 밀양에 생가가 복원되어 있고, 생가 가까이에는 기념관도 건립되어 있다.

대사는 나이 15세인 1558년에 어머니가, 16세인 1559년에 아버지가 세상을 떠나자 경북 김천 직지사에 출가하여 승려가 된다. 직지사 누리집은 '사명대사가 본사本寺(직지사)에 출가出家(스님이 됨)하여 신묵대사의 제자가 된 것은 유명하거니와, 이로 인하여 직지사는 배불排佛(불교를 배척함)의 그늘 속에서도 사운寺運(사찰의 기운)을 유지할 수 있었다. 30세에 직지사 주지가 된 사명 대사는 이후 임진왜란이 발발하자 구국제민救國濟民(나라를 구하고 백성을 살려냄)의 선봉에서 큰 공을 세웠다. 사명 대사의 구국 공로로 인하여 직지사는 조선 8대 가람伽藍(절)의 위치에 놓이게 되었고, 300여 소속 사암寺庵(절과 암자)을 거느리게 되었다.'라고 소개하고 있다.

「사명 대사 충의비」가 보이는 **천룡사** 부산진구 초읍동 358-33

그 후 사명 대사는 묘향산 보현사로 휴정休靜(서산 대사)을 찾아가 그의 제자가 된다. 대사의 이력 중 특이한 것은 1589년(선조 22) 정여립의 역모 사건에 연루되었다는 모함을 받아 강릉부의 옥에 갇힌 일이다. 이때 강릉 지역 선비들이 대사의 무죄를 강력히 주장하여 풀려난다.

사명 대사가 임진왜란을 맞이하는 것은 금강산에서 수도 생활을 하던 중이다. 대사는 당시 유점사에 머물러 있었는데, 휴정의 격문을 받고 승병을 모아 스승에게 달려간다.

대사는 1593년 1월의 평양성 탈환 전투 때 승병 2,000명을 이끌고 직접 참전한다. 그해 3월에는 서울 근교 삼각산 노원평 전투와 우관동 전투에서도 공을 세운다.

대사는 네 차례에 걸쳐 적진에 들어가 가등청정加藤淸正(가토 기요마사)과 회담을 가진다. 1차 회담은 1594년 4월 13일~16일 (울산) 서생포 일본 본진에서 열린다.

사명대사 생가 경남 밀양시 무안면 고라리 399

　일본은 명나라 공주를 일본 왕의 후궁으로 보낼 것, 조선 4도(경상, 전라, 충청, 경기)를 일본에 양도할 것, 조선의 왕자 한 사람을 일본에서 살게 할 것, 조선의 대신 20명을 일본에 볼모로 보낼 것 등을 요구한다. 대사는 일본의 요구가 어불성설語不成說(말이 안 된다)이라는 것을 논리적으로 설파, 가등청정의 말문을 막는다.
　2차 회담은 1594년 7월 12일~16일, 3차 회담은 1594년 12월 23일, 4차 회담은 1597년 3월 18일에 열린다. 이때도 대사는 조선측 회담 대표로 참석하여 적들의 주장을 꺾는다.
　대사는 2차 회담 이후 선조에게 「토적보민사소討賊保民事疏」를 올린다. 토적보민사소는 적을 토벌하고 백성을 보살필 방안이라는 뜻이다. 대사는 모든 국민을 총동원하여 빈틈없는 작전을 펼쳐야 적을 격퇴할 수 있으며, 잘 타일러 적을 돌려보내고 나서는 백성을 편안하게 하고 농업을 장려해야 하며, 백성들도 전투력을 키우고 나아가 전쟁에 필요한 무기들을 준비해야 한다는 견해를 밝힌다.

대사는 이듬해인 1595년(선조 28)에도 상소를 올린다. 「을미상소 乙未上疏」라는 이름의 건의문에서 대사는 백성들의 힘을 기르기 위해서는 탐관오리를 몰아내고 목민관牧民官(훌륭한 행정을 펼치는 지방 수령)을 배치할 것, 일시적으로 강화가 되었다고 해서 나라가 영원히 유지된다는 망각에 빠지면 안 되며 국가의 힘을 키울 수 있는 만반의 대책을 강구할 것, 신분의 귀천을 가리지 말고 인물 본위로 인재를 등용하되 본인의 능력을 최대로 발휘할 수 있도록 적임 직책을 부여할 것, 국가 기강을 쇄신하고 문란한 기풍을 뿌리 뽑을 것, 승려도 일반 백성과 동일한 처우를 하여 국가 수비의 일익을 담당하게 할 것, 산성을 수축하고 산성마다 군량·마초·방어 무기를 준비할 것 등을 제시한다.

　대사는 「을미상소」에서 본인이 주장한 바 그대로 산성 수축에 깊은 관심을 보여 직접 성 쌓기 공사에 참여한다. 대사가 승병들과 함께 수축한 산성은 대구 팔공산성·경북 구미 금오산성·가야산 용기산성·경남 합천 악견산성·경북 고령 미숭산성·경주 부산성 및 남한산성 등이 있다.

천룡사 사명대사 충의비

　대사는 무기 제조에도 힘을 기울여 해인사 근처 야로에서 활촉 등을 만들기도 한다. 경남 의령에 주둔하던 1594년(선조 27)에는 각 사찰의 논밭에 봄보리 심기와 산성 주변 개간하기를 장려하여 군량미 4,000석을 비축한다.

　1604년(선조 37) 2월 스승 서산대사가 입적한다. 슬픈 소식을 듣고 묘향산으로 달려가던 중에 대사는 선조의 부름을 받는다.

선조는 대사에게 일본 사신으로 가 달라고 부탁한다. 대사는 여덟 달 동안 노력한 끝에 일본으로 끌려갔던 조선인 3,000여 명을 데리고 귀국한다. 대사는 10월이 되어서야 스승의 영전에 나아가 절을 올린다.

대사는 그 후 병을 얻어 해인사에서 요양에 들어간다. 하지만 1610년 8월 26일, 마침내 영면한다.

부산진구 초읍동 358-33은 천룡사의 주소이다. 사찰 종무소 건물 뒤로 들어가면 장독들이 오르막을 타고 가득 진열되어 있는 광경이 눈길을 사로잡는다. 장독대가 끝나는 지점, 곧 대웅전 뜰 오른쪽에 「사명 대사 충의비」가 외로이 서 있다.

사명 대사 유적지 중 최고로 꼽을 만한 곳은 경남 밀양시 무안면 고라리 399번지에 있는 그의 생가이다. 생가 옆에는 기념관도 있어 대사의 의병 활동에 대한 충분한 지식까지 얻을 수 있으니 더 이상 바랄 것이 없다. 물론 기념관이 이곳에 건립된 것은 밀양이 대사의 출생지이기 때문이다.

기념관을 둘러본 뒤 돌아 나와 좌회전을 하면 가까운 거리에 표충비가 있다. 나라가 위급할 때면 눈물을 흘린다는 비석이다. 도로변에 있어 찾기가 아주 쉽다.

위 **기념관**, 아래 **표충사**

밀양에서 찾아보아야 할 또 다른 사명 대사 유적은 두 곳의 표충사이다. 한 곳은 사찰 표충사表忠寺이고, 다른 한 곳은 사당 표충사表忠祠이다. 표충사表忠祠는 표충사表忠寺 경내에 있다. 절에 표충사라는 사찰명이 붙게 된 것은 임진왜란 때 큰공을 세운

사명대사 영정　　　　해인사 사명 대사의 마지막 수도처

사명 대사의 애국 충절을 기려 국가에서 절 이름을 붙였기 때문이다.

표충사는 원효대사가 654년(태종 무열왕 1)에 창건했다. 당시 이름은 죽림사竹林寺였다. 그 후 829년에 인도 승려 황면 선사가 현재의 자리에 중창하여 영정사靈井寺라 이름을 바꾸고, 삼층 석탑을 세워 부처의 진신사리를 봉안한 것으로 전한다.

1286년(고려 충렬왕 12), 《삼국유사》의 저자 일연 국사가 1,000여 명의 승려를 모아 이곳에서 불법을 일으킨다. 하지만 일연 스님의 노력도 보람 없이 1926년 들어 큰 화재가 일어나 응진전을 제외한 모든 건물들이 불에 타서 사라진다. 지금 보는 절집들은 모두 그 후에 재건한 것들이다.

표충사에는 국보 75호인 청동함은향완과 보물 467호인 삼층 석탑이 있고, 석등·표충서원·대광전 등의 지방 문화재와 25동의 건물, 사명 대사의 유물 300여 점이 보존되어 있다. 유물관이 별도로 건립되어 있어 답사자의 마음을 느긋하게, 또 기쁘게 해준다.

직지사 사명 대사가 출가한 사찰, 경북 김천

표충사 입구에는 고색창연한 벚나무들이 세월의 자태를 뽐내며 자라 있다. 그러나 어떤 나무는 우람한 둥치만 보여줄 뿐 잎사귀 하나 없는 알몸을 푸른 하늘에 드러내고 있다. 놀라운 것은 그런 고목에도 화사한 벚꽃은 어김없이 곱게 피어난다는 사실이다.

목을 뒤로 수직으로 꺾은 채 벚꽃을 감상하다가 문득 계곡 물소리를 듣는다. 물소리는 어쩐지 사람을 다시는 돌아올 일 없는 심심유곡 속으로 몰아넣는 듯하다.

임진왜란 연표年表

1592년(선조 25)
04.13. 일본군 1군(소서행장), 부산 앞바다 도착
04.14. 부산진성 함락, 첨사 정발과 방어군 1,000여 명 전사
04.15. 동래성 함락, 부사 송상현, 양산군수 조영규 등 전사
04.16. 다대포 함락, 첨사 윤흥신 전사
04.20. 김해 함락, 의병장 송빈, 이대형, 김득기, 류식 전사
04.21. 대구와 경주 함락
04.22. 곽재우, 경남 의령에서 창의
04.25. 상주에서 순변사 이일이 이끄는 조선 중앙군 대패
04.28. 충주 탄금대에서 삼도순변사 신립의 조선군 대패
04.30. 선조와 조정 대신들, 궁궐을 떠나 북으로 피란
05.02.~05.03. 왜군 한강 도강. 한성 함락
05.07. 이순신 함대, 옥포와 합포에서 왜선 30여 척 격파
05.08. 이순신 함대, 적진포에 정박 중인 왜선 11척 격파
05.16. 부원수 신각, 양주 해유령에서 일본군 60여 명 참수
05.17. 임진강 방어선 붕괴
05.25. 곽재우, 정암진에서 왜군 격파
06.02. 이순신, 당포에서 왜선 격파
06.05. 남도 근왕병, 용인에서 왜군에 대패
06.05. 이순신 등의 조선 수군, 당항포에서 왜선 26척 격침
06.15. 평양성 함락, 13일 선조 의주로 피란
07.08. 권율, 이치에서 왜군 격퇴
07.08. 조선 수군, 한산도에서 왜선 66척 격침(임진왜란 3대 대첩)

07.09. 조선 수군, 안골포에서 왜선 20여 척 격파
07.10. 고경명, 금산 전투에서 전사
07.27. 권응수, 정세아, 정대임 등 영천 의병들, 영천성 수복
08.01. 이빈의 조선군, 단독으로 평양성 공격, 실패
08.01.~02. 의병장 조헌과 영규 대사, 청주성 탈환
08.18. 조헌과 영규의 의병 부대, 금산 전투에서 패하여 전몰
09.01. 이정암, 연안성에서 일본군 격퇴
09.01. 조선 수군, 부산포에서 왜선 100여 척 격파
09.06. 정문부, 경성 탈환, 반역자 국세필 등을 처단
09.09. 박진, 경주성 탈환. 비격진천뢰飛擊震天雷 사용
10.05.~10.10. 김시민, 진주 대첩(임진왜란 3대 대첩)

진주성 촉석문

1593년(선조 26)
01.08.~09. 조명 연합군, 평양성 탈환
01.27. 이여송, 고양 벽제관에서 일본군의 기습 받아 패배
02.12. 권율이 이끈 조선군, 행주산성 승리(임진왜란 3대 대첩)
04.19. 일본군 한양에서 철수, 5월 중순 후 부산 주변 주둔
06.22.~29. 2차 진주성 전투로 진주성 함락, 6만여 명 전몰

1594년(선조 27)
02.01. 훈련도감訓練都監 설치

1597년(선조 30)
01.13. 가등청정 군대, 부산 상륙
07.08. 정유재란 본격 재개
07.16. 삼도수군통제사 원균, 칠천량에서 일본 수군에 대패
08.16. 남원성 함락, 일본군의 포위 공격에 조명 연합군 패배
09.07. 명군, 경기도 직산에서 왜군 격퇴
09.16. 이순신, 명량에서 13척으로 일본 함대 133척 대파
12.23.~1598.1.4. 조명 연합군, 울산 도산성 공격 실패

1598년(선조 31)
08.18. 풍신수길 사망
09.21. 명군, 울산 도산성 공격 실패
09.21. 명나라 제독 유정과 이순신, 순천 왜교성 공격 실패
11.19. 조명 연합수군, 노량서 왜선 200여 척 격파. 이순신 전사

임진왜란 壬辰倭亂 약사 略史

1. 개관
2. 일본의 침략 의도
3. 전쟁 발발과 조선의 대응
4. 의병과 수군의 활약, 명의 지원군 파병
5. 강화 교섭
6. 정유재란
7. 전쟁의 영향

1. 개관

임진왜란은 100년에 걸친 국내 통일 다툼에서 최후 승리자가 된 일본의 풍신수길豊臣秀吉(도요토미 히데요시)이 일으킨 동양 3국 국제전쟁이다. 1592년(선조 25) 일본이 조선을 침략하면서 시작된 조선·일본·명 사이의 이 국제전은 1598년(선조 31)까지 계속되었다.1)

중국과 인도를 지배하는 황제의 야욕을 품은 풍신수길은 처음에는 조선 정부에 '가도입명假道入明', 즉 '중국을 치려 하니 길을 비켜 달라'고 했다. 조선은 1392년 건국 이래 명나라에 대한 사대事大(큰 나라를 섬김)를 국가 기본 전략으로 삼아온 나라였다. 풍신수길은 조선이 결코 들어줄 수 없는 것을 요구했던 것이다.

4월 13일 부산 앞바다에 도착한 일본군은 다음날인 4월 14일 부산진성을 점령하고, 4월 15일 동래성을 빼앗았다. 그 이후 일본

---

1) 한국학중앙연구원, 《한국민족문화대백과》: 1592년부터 1598년까지 2차에 걸쳐서 우리나라에 침입한 일본과의 싸움을 임진왜란이라 한다. 1차 침입이 임진년에 일어났으므로 임진왜란이라 부르고, 2차 침입이 정유년에 있었으므로 정유재란이라고도 한다. 이 왜란을 일본에서는 '분로쿠文祿·케이초慶長의 역役'이라 하고, 중국에서는 '만력萬曆의 역役'으로 부른다.

군은 상륙한 지 불과 20일째인 5월 3일 조선의 서울 한성까지 손에 넣었다.2) 조선군은 도성을 적에게 내주면서도 전투 한 번 벌이지 않았다.

하지만 일본은 전국 각지에서 창의한 의병들, 뛰어난 전략과 전투력을 바탕으로 바다를 장악한 조선 수군, 전쟁이 자기 나라 땅에까지 번질까 두려워하여 파견된 명나라 지원군에 가로막혔다. 일본은 명나라와 강화 교섭을 하지 않을 수 없게 되었다.

강화는 이루어지지 않았고, 풍신수길은 1597년 다시 대군을 조선으로 출병시켰다. 이를 1592년의 전쟁 발발에 견주어 별도로 '정유재란'이라 부르기도 한다.

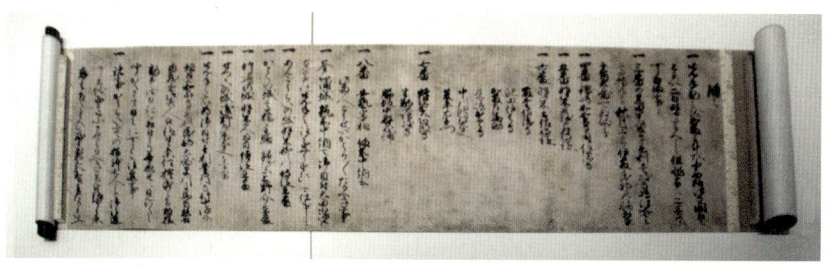

풍신수길의 정유재란 개전 명령서 (1597년 2월 21일 작성)

전쟁은 1598년 8월 18일 풍신수길이 병사하면서 사실상 끝났다. 전쟁으로 말미암아 조선은 막대한 피해를 입었고, 명도 국력이 쇠약해진 틈을 타 새로 일어난 청 세력을 막지 못하고 마침내 멸망했다. 전쟁을 일으킨 당사자인 일본만 수많은 전리품과 고급 인력 탈취를 기반으로 경제적, 문화적 발전을 이룬다.

---

2) 부산에서 서울까지의 거리는 약 442km이다. 임진왜란 당시의 일본군 침략로와 현재의 고속도로는 다른 길이지만, 대략 같다고 산정한 채 당시 일본군의 진군 속도를 헤아려보면 하루 평균 24.5km나 된다. 이는, 조금 과장하여 표현하면, 일본군들은 거의 전투 없이 행군한 것이나 다를 바 없는 속도로 서울까지 점령했다는 사실을 알게 해준다.

2. 일본의 침략 의도

임진왜란 이전 100여 년 동안 일본은 전국시대戰國時代였다. 일본을 최종적으로 통일한 세력가는 풍신수길이었다. 풍신수길은 '국내 정권의 안정을 위하여 불평 세력의 관심을 밖으로 쏠리게 하고, 아울러 자신의 정복욕을 만족시키기 위하여 조선과 명에 대한 침략을 준비하였다.'3)

풍신수길은 규슈九州 지역을 공격 중이던 1587년, 대마도 도주島主 소씨宗氏에게 조선을 일본에 복속시키는 교섭에 나서라고 명령했다. 풍신수길은 조선을 복속시킨 후, 조선을 길잡이로 삼아 중국을 침략하려는 목표를 가지고 있었다.

대마도 사람들은, 조선과 무역을 해온 오랜 경험으로 미뤄볼 때, 조선이 일본에 복속하겠다고 응할 리 없다는 것을 너무나 잘 알고 있었다. 대마도 도주는 풍신수길의 복속 요구를 통신사通信使 파견 요청으로 임의 변경, 조선과 교섭에 나섰다. 일본 사정을 파악할 필요가 있던 조선 정부는 이에 응했다.

조선은 1590년 정사 황윤길黃允吉, 부사 김성일金誠一, 종사관 허성許筬으로 구성된 통신사를 일본에 파견했다. 대마도 도주는 풍신수길에게 일본에 복속하기 위해 조선 통신사가 왔다고 허위 보고를 했다. 풍신수길은 거만한 자세로 통신사 일행을 상대했다.

---

3) 6차 교육과정 국정 《중학교 국사 교과서》의 표현이다. 같은 6차 교육과정 국정 《고등학교 국사 교과서》도 '풍신수길은 국내 정권의 안정을 위하여, 불평 세력의 관심을 밖으로 쏠리게 하고 아울러 자신의 정복욕을 만족시키기 위하여 조선과 명에 대한 침략을 준비하였다.'라고 대동소이하게 기술하고 있다. 그런데 7차 교육과정 국정 《중학교 국사 교과서》는 '불평 세력의 관심을 밖으로 쏠리게 하고 자신의 대륙 진출 야욕을 펴기 위해 조선을 침략하고자 하였다.'라고 하여 침략 대상에서 명을 제외하고 있다. 7차 교육과정 국정 《고등학교 국사 교과서》도 '일본은 전국 시대의 혼란을 수습한 뒤 철저한 준비 끝에 20만 대군으로 조선을 침략해 왔다(1592). 이를 임진왜란이라 한다.'라는 설명만 할 뿐 명은 언급하지 않았다.

통신사 일행은 귀국 후 일본의 침략 가능성에 대해 상반된 보고를 했다. 황윤길과 허성은 일본이 조선을 침략할 가능성이 있다고 했지만, 김성일은 그럴 가능성이 없다는 정반대의 의견을 제출했다. 당시 정권을 잡고 있던 동인 세력은 역시 동인인 김성일의 의견을 채택했다.

그렇다고 조선 정부가 전쟁에 전혀 대비를 하지 않은 것은 아니었다. 남쪽 지방의 성을 수리하는 등 약간의 대책은 강구했다. 하지만 그것은 얼마 가지 못했다. 개국 이래 200년 동안 평화롭게만 살아온 백성들은 노역 동원과 세금 납부에 강하게 반발했다. 공사는 중단되었고, 일본이 나라 전체의 군사력을 동원하여 대규모 전쟁을 일으킬 것이라는 사실을 예견하지 못한 조선은 거의 준비를 하지 못한 상태에서 공격을 당했다.

3. 전쟁 발발과 조선의 대응

1592년 4월 13일 소서행장小西行長(고니시 유키나가)과 종지의宗義智(소오 요시토시)를 선봉으로 한 일본군이 부산 앞바다에 나타났다. 조선군은 부산진에서 정발鄭撥이, 동래에서 송상현宋象賢이, 다대포에서 윤흥신尹興信이 맞섰으나 워낙 중과부적인 탓에 끝내 순절했다. 송상현은 '싸우려면 싸우고, 싸우지 않으려면 길을 빌려 달라.'는 일본군의 요구에 '戰死易전사이 假道難가도난', 즉 '싸워서 죽기는 쉽고 길을 빌려주기는 어렵다.'라는 뜻깊은 명언을 남겼다.

윤흥신을 기리는 부산 윤공단

일본군은 파죽지세로 북상했다. 조선군 관군은 싸우면 패했고, 그렇지 않으면 싸우지도 않고 도망쳤다. 조선군 관군 중앙군과 일본군의 첫 전투가 4월 25일 상주에서 벌어졌지만 이일李鎰이 패전했다. 조선의 최정예 부대를 이끌고 충주 탄금대彈琴臺에서 일본군을 기다리고 있던 신립申砬도 4월 28일 대패했고, 신립은 남강에 몸을 던져 스스로 죽음의 길을 갔다. 이 소식이 전해지자 선조는 피란을 결정했고, 광해군을 세자로 책봉한 후 4월 30일 한성을 탈출했다.

선조는 개성을 지나 평양성에 들었다가, 6월 5일 전라 감사 이광이 이끄는 삼도 연합군 3만이 일본군 1,600명에 참패했다는 어이없는 소식을 듣고는 압록강 턱밑의 의주까지 달아났다. 의주에 당도한 선조는 요동 지역으로 넘어가 안전을 도모하려고 했지만 명의 망명 거절과 신하들의 만류로 뜻을 이루지 못했다.

선조는 국경인 압록강까지 와서 중국에 망명하려 했지만 뜻을 이루지 못했다.

세자 광해군은 전국을 순회하면서 백성들을 위로하고 흩어진 병사들을 모았다. 의병 창의도 촉구했다. 선조는 광해군에게 종묘사직을 받들게 하고 분조分朝(조정을 둘로 나눔)했다.

이 무렵, 선조의 다른 두 아들 임해군과 순화군은 함경도와 강원도로 피란을 갔다가 가등청정加藤淸正(가토 기요마사) 군대의 포로가 되었다. 두 왕자는 회령에 머물던 중 반란을 일으킨 국경인 등에게 붙잡혀 가등청정에게 넘겨졌다. 조선 조정은 두 왕자를 구해내기 위해 명군에게 일본과의 교섭을 부탁하기도 했다.

4. 의병과 수군의 활약, 명의 지원군 파병

전쟁 판도를 뒤집으려는 움직임이 활발히 일어났다. 5월부터 전투를 개시한 이순신은 해전마다 적을 격파했다. 판옥선과 거북선, 우수한 화포로 무장한 조선 수군은 일본 전함보다 전투력에서 우위에 있었고, 이순신의 탁월한 전술까지 더해져 한산대첩 등 빛나는 전과를 쌓았다.

일본군은 서해를 통해 군수품과 보충 병력을 한양 쪽으로 수송하려던 계획을 접어야 했

전남 보성 방진관의 (친일파 그림이 아닌) 이순신 초상

다. 또 곡창 지대를 점령함으로써 군량을 현지에서 조달하려던 계획도 흐트러졌다. 수군의 연이은 승첩은 전쟁의 흐름을 바꾸었다.

행주산성 대첩비

전쟁 초기 궤멸되었던 관군도 다시 일어섰다. 전열을 정비한 관군은 권율權慄의 행주산성, 김시민金時敏의 1차 진주성 전투에서 큰 승리를 거두었다.

의병4)과 승병도 일어났다. 경상도에서 곽재우郭再祐, 정인홍鄭仁

---

4) 국사편찬위원회 《한국사》: 의병의 궐기는 향토와 동족의 방어를 위한 것이었고, 더 나아가 일본의 야만성에 대한 민족 감정의 발로였다. 유교적 윤리를 철저한 사회적 규범으로 하고 있었던 조선은 고려 말부터 왜구의 계속적인 약탈 행위로 인하여 일본인을 침략자로 여겼으며 문화적으로 멸시하여 '왜' 또는 '섬오랑캐'라고 불렀다. 이러한 일본으로부터 침략을 받아 민족적 저항운동으로 일어난 것이 의병의 봉기였다.

국사편찬위원회 《신편 한국사》: 일반 민중들은 관권에 의한 강제징집으로 무능한 장군의 지휘를 받아 전국의 전선을 전전하며 싸우기 보다는 평소 잘

弘, 김면金沔, 권응수權應銖, 전라도에서 김천일金千鎰, 고경명高敬命, 충청도에서 조헌趙憲, 함경도에서 정문부鄭文孚, 황해도에서 이정암李廷馣, 평안도에서 조호익曺好益, 양덕록楊德祿, 경기도에서 심대沈岱, 홍계남洪季男 등이 자발적으로 군사를 모아 일본군과 싸웠다.5) 휴정休靜 서산대사西山大師, 유정惟正 사명대사四溟大師, 영규靈圭 스님 등은 승병을 이끌고 왜란 극복에 앞장섰다. 의병들의 뛰어난 활동은 일본군들로 하여금 전쟁을 포기하고, 그 대신 강화 교섭을 시도하게 만드는 큰 역할을 했다.

조선 조정은 의주에 머물면서 명나라에 지원군 파병을 요청했다. 8월 24일 정곤수鄭崑壽는 명의 병부상서 석성을 만나 지원군을 보내주겠다는 확답을 받았다. '200년간 충성을 다해온 조선을 도와주는 것은 당연한 일'6)이라는 것이 명의 파병 논리였다.

사실 이때까지 명은 조선을 믿지 않고 있었다. 전쟁이 터진 지 보름도 되지 않아 수도를 포기하고 압록강 바로 아래까지 임금과 조정이 피란을 거듭한 것부터 이상하게 여겼다. 일본군과 연합하여 명을 공격하려고 일부러 그렇게 한 게 아닌가 의심했던 것이다.

최초의 파병 명군은 요동에 있던 조승훈 부대였다. 그러나 일본군을 가볍게 보고 제대로 준비도 없이 평양성을 공격했던 조승훈군은 크게 패전했다. 이어 명은 송응창宋應昌과 이여송李如松이 이끄는 대규모 부대 파견을 결정했다.

1593년 1월 6일, 이여송이 3만 군사를 거느리고 평양에 도착했다. 명나라 대군은 조선군과 협력하여 1월 9일 평양성을 탈환하는 데 성공했다.

알고 신뢰할 수 있는 의병장의 휘하에서 싸우기를 바랐을 것이며, 향토 주변에서 부모와 처자를 보호하기에는 관군보다 의병으로 가는 것이 유리하였다.
 5) 7차 교육과정 국정 《고등학교 국사 교과서》에 거명된 대로 의병장들의 이름을 재인용했음.
 6) 7차 교육과정 국정 《고등학교 국사 교과서》의 표현.

일본군은 평양과 개성을 버리고 한성으로 퇴각했다. 자신감에 찬 이여송은 소규모 부대만 이끌고 한성을 향해 진격했다. 이때 많은 병력을 한성에 집결시킨 일본군은 명군의 공격에 대비하여 복병을 깔아두고 있었다. 벽제관碧蹄館에서 일본군 복병을 만나 간신히 목숨만 건진 이여송은 군량 부족을 이유로 개성으로 후퇴했고, 그 뒤로는 전진을 꺼렸다.

5. 강화 교섭

일본군은 더 이상의 전쟁 수행이 불가능하다고 판단했다. 보급 곤란, 의병의 공격, 수군 참패, 명군과의 전투 등 모든 것들이 어려웠다.7) 그래서 부산 좌우 바닷가 일대의 점령을 유지하는 데 필요한 병력만 남기고 군대를 일본으로 철수시킨 채, 명과 강화 교섭을 벌이기 시작했다. 명도 일본군의 요동 진입을 막는 데 성공했으므로 더 이상 전쟁을 계속하고 싶지 않았다.

명에서는 심유경沈惟敬, 일본에서는 소서행장이 각각 강화 교섭 대표로 나섰다. 명은 일본군의 무조건 철수를 요구했고, 풍신수길은 조선의 왕자를 볼모로 내놓고, 조선의 남쪽 땅을 내놓으라고 했다. 합의가 될 일이 아니었다. 조선은 명이 전쟁 대신 강화 노선을 걷는 것이 불만이었을 뿐만 아니라, 강화 교섭에서 배제된 데에 분노하고 있었다.

---

7) 국사편찬위원회 《신편 한국사》: 왜군은 (1593년 1월) 평양 패전 이후 서울에 집결하였지만 개전 당시 병력의 30~40%를 전투, 기아, 질병으로 소모하여 실전의 수행 능력을 거의 상실하고 있었다. (중략) 서울에 총집결한 왜군은 이제 서울의 인근 지역에서 군량 조달을 위한 약탈 대상조차 찾아내기 어려워 심각한 군량난에 봉착하게 되었으므로, 왜군지휘부는 서울에서 철수할 것을 결정하고 풍신수길의 허락까지 받았다. 그러므로 왜군은 철군할 때 조·명군의 추격을 피하기 위해서 조·명 측과의 협상을 원하지 않을 수 없는 처지였다.

1596년 9월, 명은 풍신수길을 일본 왕으로 책봉하기 위해 사절을 오사카에 파견했다. 조선에서도 황신黃愼 이하의 사절을 딸려 보냈다. 명은 풍신수길이 왕으로 책봉해주면 군대를 철수시킬 것으로 생각했다. 그러나 풍신수길은 책봉 이외에 다른 선물이 없다는 데 분노, '조선이 명과 일본의 협상을 방해했다' 등의 이유를 들어 책임을 조선에 떠넘기면서 정유재란을 결정했다. 풍신수길은 조선의 사절과는 만나지도 않았다.

6. 정유재란

1597년 1월부터 일본군은 다시 조선에 상륙하기 시작, 7월부터 북쪽을 향해 다시 공격을 재개했다. 정유재란 발발 직전 선조는 이순신을 의심하여 투옥하는 대신 원균을 삼도수군통제사로 임명했지만, 원균이 이끄는 수군은 칠천량 해전에서 거의 전멸당했다. 그 결과 일본군이 바다를 장악했다.

조선 수군이 거의 전멸당한 칠천량 바다

그러나 일본군은 줄기차게 북진했던 지난 임진년(1592) 때와는 달리 충청도 직산稷山에서 접전을 벌인 이후 그냥 남쪽 해안으로 물러났다. 일본군은 울산에서 순천에 이르는 바닷가에 왜성倭城을 쌓고 장기 주둔 태세를 취했는데, 오랜 기간에 걸쳐 줄기차게 조선을 괴롭힘으로써 좋은 교섭 결과를 얻으려는 풍신수길의 전략 변화 때문이었다.

정유재란의 또 다른 특징은, 일본군들이 대규모로 작전을 전개했기 때문에 조선 의병들이 제대로 활약을 할 수 없었다는 점이다. 그런가 하면, 정유재란 때의 일본군은 조선인의 코와 귀를 베어서 일본으로 보내는 잔혹 행위를 일삼는 특징도 선보였다. 풍신수길이 그 수를 세어 공로를 인정하겠다고 한 탓이었다. 지금도 교토京都에는 당시 조선들의 코와 귀를 묻은 귀무덤耳塚(이총)이 남아 있다.

전쟁 재발 후 명군도 다시 조선으로 들어왔다. 명군 대장 양호는 일본군 중 강화에 가장 반대하는 강경파 가등청정의 군대를 주로 공격했다. 1597년 12월 말에 시작된 울산성 전투에서 가등청정은 거의 전사 위기까지 몰리기도 했다. 울산성 전투 후 일본 육군은 크게 세가 꺾였다.

수군 대장으로 돌아온 이순신도 명량해전鳴梁海戰에서 승리하여 해상의 주도권을 되찾았다. 그러던 중 1598년 8월 18일 풍신수길이 병사하면서 전쟁은 사실상 종료되었다. 권력을 장악한 덕천가강德川家康(도쿠가와 이에야스) 등은 철군 결정을 내렸다.

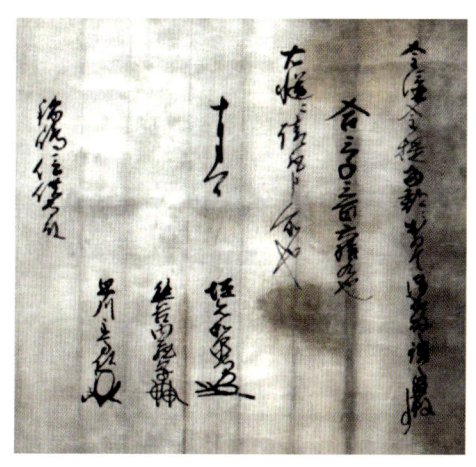

1597년 10월 1일에 발행된 '코 영수증'이다. 전라도 금구, 김제 방면에서 3,369명의 코를 벤 것을 받아서 일본의 풍신수길에게 보냈다는 내용이 기록되어 있다.

일본군들은 안전하게 철수하기 위해 명군과 교섭을 벌였다. 명군도 희생을 안아야 하는 전투를 기피하려 했다. 일본군은 명군 장수들에게 뇌물까지 주었다.

조선은 일본군의 무사 철수를 보고만 있을 수 없었다. 명군이 일본군에게 안전 철수를 약속했다는 사실을 알고 있었지만 이순신은 전함을 몰고 노량露梁으로 달려가 일본군을 대파했다. 하지만 이 마지막 전투에서 이순신은 전사의 비운을 맞았다. 순천왜성順天倭城에 머물러 있던 소서행장이 부산을 거쳐 일본으로 돌아가면서 전쟁은 완전히 끝났다.

7. 전쟁의 영향

조선은 전쟁으로 말미암아 초토가 되었다. 국토의 대부분이 농사를 지을 수 없는 땅으로 변했고, 인구도 절반으로 줄어들었다. 일본군은 수많은 조선인을 살해했고, 경복궁, 불국사 등 무수한 문화재들을 파괴했다. 일본은 포로로 잡아간 조선인들을 포르투갈 등지에 노예로 팔고, 지식인과 기술자들을 활용하여 나라의 수준을 높였다. 명나라는 임진왜란을 치르는 동안 줄곧 세력을 키운 청나라 세력의 도전을 막지 못해 결국 멸망했다.8)

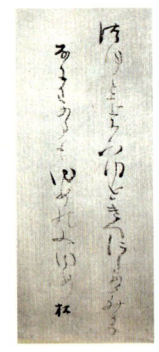

풍신수길은 "이슬과 함께 내리고 / 이슬과 함께 사라지는 내 몸인가 / 오사카의 일도 꿈 속의 또 꿈이런가"라는 내용의 '임종 시'를 남겼다.

---

8) 대구 망우당공원 「임란 의병관」 '피해와 반성' : 임진왜란은 조선과 일본, 명에 커다란 변화를 초래하였고, 급격한 동아시아의 정세 변화를 가져왔다. 가장 큰 피해는 조선에 있었다. 조선은 계속되는 전란으로 농지 면적의 2/3 이상이 황폐화되어 농민의 생활이 어려워지고 국가 재정도 고갈되었다. 많은 사상자로 인구가 줄고 가옥과 재산의 손실도 막대하였다. 민심도 흉흉해져 이몽학의 난과 같은 반란도 일어났다. 또한 양반 계층은 경제적 몰락으로 권위가 상실되기도 하였으며, 당쟁이 가속되어 양반 계층의 분화 현상도 일어나 신분 질서의 붕괴가 가속화되었다.

문화면에서는 국보급 문화재가 소실되었고, 귀중한 책과 미술품이 많이 약탈되었다. 군사 제도에서는 군정 기관인 비변사의 기능이 강화되고, 훈련도감이 신설되었으며, 전략과 무기 체계에 많은 변화를 가져왔다.

일본은 풍신수길이 사망하고 권력 구조의 변화가 일어나 이후 덕천가강德川家康(도쿠가와) 막부가 성립되었다. 전란 중에 조선에서 약탈한 문화재와 인쇄술, 무기, 금속공예품, 도자기 기술 등의 전파로 일본 문화 발전에 크게 기여하게 되었다. 또한 서적의 약탈과 유학자의 납치 등으로 선진 유학과 접촉하게 되어 에도江戶 유학의 발전에 큰 밑거름이 되었다.

명은 임진왜란에 참여하면서 막대한 비용을 소모하여 국고를 고갈시켰으며, 이를 타개하기 위해 군비를 감축하여 군사력의 약화를 초래하였다. 그 결과 명은 각지에서 일어난 민란을 진압하지 못하고, 북방 여진족의 침략을 받아 멸망하게 되었다.

[참고 자료] 7차 교육과정 국정 중학교 국사 교과서
우리 민족은 왜란을 어떻게 극복하였는가?

왜군의 침입

조선이 양반 사회의 분열과 군역 제도의 문란으로 국방력이 약화되어 가던 16세기 말, 동아시아의 국제 정세는 크게 변하고 있었다.

중국 대륙에서는 여진족이 다시 일어나 힘을 키워 갔으며, 일본에서는 도요토미 히데요시가 100여 년에 걸친 전국 시대의 혼란을 수습하여 통일 국가를 이룩하였다. 도요토미는 불평 세력의 관심을 밖으로 쏠리게 하고 자신의 대륙 진출 야욕을 펴기 위해 조선을 침략하고자 하였다.

일본은 서양에서 들여온 조총으로 군대를 무장시키고, 침략을 위한 준비를 철저히 하였다. 그리고는 명을 정복하러 가는 데 길을 빌리자는 구실을 내세워 20여만 명의 군사를 출병시켰다. 이를 임진왜란이라고 한다.

1592년 4월, 왜군이 부산진과 동래성으로 침략해 오자, 정발과 송상현 등이 힘껏 싸웠으나 막지 못하고 성이 함락되고 말았다. 그 후, 왜군은 세 길로 나누어 북쪽으로 쳐들어왔다. 조선 정부는 충주에 방어선을 치고 그들의 북상을 막으려 하였으나, 이 역시 실패하고 말았다. 왜군이 한양 근처에 육박하자 선조는 의주로 피란하였다. 왜군은 평양과 함경도 지방까지 북상하여 한반도 전역을 그들의 손아귀에 넣으려고 하였다.

수군과 의병의 활약

조선은 육전에서와 달리 해전에서는 곳곳에서 왜군에 큰 타격을 입혔다. 이순신이 이끄는 수군이 옥포에서 첫 승리를 거두고, 이어서 거북선을 앞세워 사천, 당포, 한산도 앞 바다 등 여러 곳에서 승리를 거두었다.

조선은 수군의 활약으로 제해권을 장악하여, 왜군의 보급로를 차단하고, 전라도 곡창 지대와 황해안을 지킬 수 있었다.

수군이 해전에서 승리한 것과 때를 같이하여 전국 각지에서 의병이 일어나, 향토를 방어하고 조국을 구하려고 하였다. 향토 지리에 익숙한 의병은 그에 알맞은 전술과 전략을 개발하여 적은 병력으로도 적에게 큰 피해를 입혔다. 의병은 경상도에서 곽재우가 처음 일으킨 후 조헌, 고경명, 정문부, 유정(사명대사) 등이 여러 지방에서 왜군과 싸웠다.

왜란의 극복

수군이 승리를 거두고 의병의 활동이 활발하게 전개될 무렵, 명의 원군까지 도착하여 조선은 왜군에 반격을 가하게 되었다. 이 때 김시민은 진주에서, 권율은 행주산성에서 큰 승리를 거두었다.

이에, 경상도 해안 지방으로 밀려났던 왜군은 전열을 가다듬기 위해 휴전을 제의하였다. 그러나 3년간을 끌어 오던 화의 교섭이 실패하자, 왜군은 다시 공격해 왔다(정유재란, 1597).

임진년과 달리 이번에는 조선군도 군비를 잘 갖추고 명군과 협조하여 왜군을 쉽게 물리칠 수 있었다. 또, 물러났던 이순신이 다시 기용되어 명량에서 왜군을 대파하였다.

마침 도요토미가 사망하고 전세도 불리해지자 왜군은 철수하기 시작하였다. 이 때 이순신은 퇴각하는 왜군을 노량에서 격멸하였으나, 적의 유탄에 맞아 장렬하게 전사하였다. 이로써 7년에 걸친 전쟁은 끝이 났다.

왜란의 결과

7년간의 전쟁은 조선의 승리로 끝났고, 일본의 침략 의도는 좌절되었다. 일본은 조선의 항복을 받지도 못했고, 영토를 얻지도 못했다. 그렇지만 이 전쟁으로 가장 큰 피해를 본 것은 조선이었다. 전 국토가 황폐하여 경작지가 전쟁 전에 비해 3분의 1 이하로 줄고, 인구도 크게 줄어들었다. 전쟁 중에 수많은 사람들이 일본에 포로로 잡혀갔으며, 일부는 포르투갈 상인에 의해 유럽 등지에 노예로 팔려가기도 하였다. 또, 전쟁 중에 노비 문서가 불태워지고 양반의 위신이 떨어져 신분제가 흔들리게 되었다.

문화재의 손실도 매우 커서 불국사, 사고 등이 불에 타 버렸고, 활자, 서적, 도자기, 그림 등 많은 문화재를 일본에 약탈당하였다.

임진왜란은 조선뿐만 아니라 일본과 중국에도 큰 타격을 주었다. 일본에서는 정권이 바뀌었고, 명도 전쟁으로 국력이 쇠약해져 결국 만주의 여진족에게 중국의 지배권을 내주게 되었다. 그러나 조선으로부터 여러 가지 문화재와 선진 문물이 일본에 전해져, 일본은 문화 발전을 이룰 수 있었다.

통신사의 파견

왜란 후, 일본은 조선에 사신을 보내어 통교할 것을 여러 차례 요청해 왔다. 이에 조선은 승려 유정을 일본에 파견하여 조선인 포로들을 데려온 뒤, 다시 국교를 맺었다. 그러나 조선은 일본 사신이 서울에 들어오는 것을 금하고, 동래의 왜관에서만 일을 보고 돌아가게 하였다. 이에 비해, 통신사는 일본의 에도(도쿄)까지 가서 막부의 장군을 만나는 등 활발한 외교 활동을 벌였다.

통신사는 일본의 요청을 받고 일본에 건너가 극진한 대우를 받았으며, 일본의 문화 발전에 공헌하였다. 그들이 다녀간 후에는 일본 내에 조선의 문화와 풍속이 퍼질 정도였다.

그러나 일본에서 통신사에 대한 반대 여론이 확산되어, 200여 년간 유지되어 오던 통신사의 파견은 19세기 초에 막을 내렸다.

[참고 자료] 7차 교육과정 국정 고등학교 국사 교과서
양 난의 극복

왜군의 침략

15세기에 비교적 안정되었던 일본과의 관계는 16세기에 이르러 대립이 격화되었다. 일본인의 무역 요구가 더욱 늘어난 데 대해 조선 정부의 통제가 강화되자, 중종 때의 3포 왜란(1510)이나 명종 때의 을묘왜변(1555)9) 같은 소란이 자주 일어났다. 이에, 조선은 비변사를 설치하여 군사 문제를 전담하게 하는 등 대책을 강구하였고, 일본에 사신을 보내 정세를 살펴보기도 하였다.

일본은 전국 시대의 혼란을 수습한 뒤 철저한 준비 끝에 20만 대군으로 조선을 침략해 왔다(1592). 이를 임진왜란이라 한다. 전쟁에 미처 대비하지 못한 조선은 전쟁 초기에 왜군을 효과적으로 막아 낼 수 없게 되자, 선조는 의주로 피난하여 명에 원군을 요청하였다.

수군과 의병의 승리

왜군은 육군이 북상함에 따라 수군이 남해와 황해를 돌아 물자를 조달하면서 육군과 합세하려 하였다. 그러나 전라도 지역에서 이순신이 이끈 수군은 옥포에서 첫 승리를 거둔 이후 남해안 여러 곳에서 연승을 거두어 남해의 제해권을 장악하였다. 이로써 곡창 지대인 전라도 지방을 지키고, 왜군의 침략 작전을 좌절시킬 수 있었다.

한편, 육지에서는 자발적으로 조직된 의병10)이 향토 지리에 밝

---

9) 3포를 개항한 이후 왜인들은 약조를 지키지 않고 자주 소란을 피웠다. 특히, 1555년(명종 10)에는 왜인이 70여 척의 배를 몰고 전라남도 연안 지방을 습격해 왔다. 이후 일본과의 교류는 일시 단절되었다.

10) 농민이 주축을 이루고, 전직관리와 사림 양반, 그리고 승려가 조직하

은 이점을 활용하면서 그에 알맞은 전술을 구사하여 적은 병력으로도 왜군에게 큰 타격을 주었다. 전란이 장기화되면서 산발적으로 일어난 의병 부대는 관군에 편입되어 조직화되었고, 관군의 전투 능력도 한층 강화되었다.

전란의 극복과 영향

수군과 의병의 승전으로 조선은 전쟁 초기의 수세에서 벗어나 반격을 시작하였다. 아울러 명의 원군이 전쟁에 참여하면서 전쟁은 새로운 국면으로 접어들었다. 조·명 연합군은 평양성을 탈환하였으며, 관군과 백성이 합심하여 행주산성 등에서 적의 대규모 공격을 물리쳤다.

이후 명과 경상도 해안으로 밀려난 왜군 사이에 휴전 협상이 이루어졌으며, 조선도 전열을 정비하여 왜군의 완전 축출을 준비하였다. 훈련도감을 설치하여 군대의 편제와 훈련 방법을 바꾸었고, 속오법을 실시하여 지방군 편제도 개편하였으며, 화포를 개량하고 조총도 제작하여 무기의 약점을 보완하였다.

3년여에 걸친 명과 일본 사이의 휴전 회담이 결렬되자, 왜군이 다시 침입해 왔다(1597). 이를 정유재란이라 한다. 그러나 조·명 연합군이 왜군을 직산에서 격퇴하고 이순신이 적선을 명량에서 대파하자, 왜군은 남해안 일대로 다시 후퇴하였다. 전세가 불리해진 왜군은 도요토미 히데요시가 죽자 본국으로 철수하였다.

임진왜란은 국내외에 많은 변화를 가져왔다. 국내적으로는 왜군에 의해 수많은 인명이 살상되었을 뿐만 아니라, 기근과 질병으로 인구가 크게 줄어들었다. 토지 대장과 호적의 대부분이 없어져 국가 재정이 궁핍해지고, 식량도 부족해졌다. 또, 왜군의 약탈과 방화로 불국사, 서적, 실록 등 수많은 문화재가 손실되었고, 수만 명이 일본에 포로로 잡혀갔다.

고 지도하였다. 전쟁이 장기화되면서 상당수가 관군으로 편입되었다.

일본은 조선에서 활자, 그림, 서적 등을 약탈해 갔고, 성리학자와 우수한 인쇄공 및 도자기 기술자[11] 등을 포로로 잡아가 일본의 성리학과 도자기 문화가 발달할 수 있는 토대를 마련하였다. 한편, 조선과 명이 일본과 싸우는 동안 북방의 여진족이 급속히 성장하여 동아시아의 정세가 크게 변화하였다.

광해군의 중립 외교

임진왜란을 겪는 동안에 조선과 명의 힘이 약화된 틈을 타서 압록강 북쪽에 살던 여진족이 후금을 건국하였다(1616). 계속하여 서쪽으로 세력을 확장하던 후금은 명에 대하여 전쟁을 포고하였다. 이에 명은 후금을 공격하는 한편, 조선에 원군을 요청하였다.

광해군은 대내적으로 전쟁의 뒷수습을 위한 정책을 실시하면서 대외적으로는 명과 후금 사이에서 신중한 중립 외교 정책으로 대처하였다. 임진왜란 때 명의 도움을 받은 조선은 명의 후금 공격 요구를 거절할 수 없었고, 새롭게 성장하는 후금과 적대 관계를 맺을 수도 없었다.

이에 광해군은 강홍립을 도원수로 삼아 1만 3,000명의 군대를 이끌고 명을 지원하게 하되, 적극적으로 나서지 말고 상황에 따라 대처하도록 명령하였다. 결국 조·명 연합군은 후금군에게 패하였고, 강홍립 등은 후금에 항복하였다. 이후에도 명의 원군 요청은 계속되었지만, 광해군은 이를 적절히 거절하면서 후금과 친선을 꾀하는 중립적인 정책을 취하였다.

호란과 북벌 운동

인조반정을 주도한 서인은 광해군의 중립 외교 정책을 비판하고, 친명 배금 정책을 추진하여 후금을 자극하였다.

---

11) 이삼평을 비롯한 도자기 기술자들은 일본에 끌려가 일본 도자기의 발달에 결정적으로 기여하였다. 이에, 임진왜란을 '도자기 전쟁'이라고도 한다.

후금은 광해군을 위하여 보복한다는 명분을 내걸고 쳐들어왔다 (1627). 이를 정묘호란이라 한다. 정봉수와 이립 등은 의병을 일으켜 관군과 합세하여 적을 맞아 싸웠다. 특히, 정봉수는 철산의 용골산성에서 큰 전과를 거두었다. 후금의 군대는 보급로가 끊어지자 강화를 제의하여 화의가 이루어졌다.

그 후, 세력을 더욱 확장한 후금은 군신 관계를 맺자고 요구하였고, 국호를 청이라 고친 다음 다시 대군을 이끌고 침입해 왔다 (1636). 이를 병자호란이라 한다.

인조는 남한산성으로 피난하여 청군에 대항했으나, 결국 청에 굴복하고 말았다.

그 동안 조선에 조공을 바쳐 왔고, 조선에서도 오랑캐로 여겨 왔던 여진족이 세운 나라에 거꾸로 군신 관계를 맺게 되고, 임금이 굴욕적인 항복을 했다는 사실은 조선인에게 커다란 충격이었다. 이후 오랑캐에 당한 수치를 씻고, 임진왜란 때 도와 준 명에 대한 의리를 지켜 청에 복수하자는 북벌 운동이 전개되었다.

부산 김해 임진왜란 유적

전국 임진왜란 유적 답사여행 총서 1

저자 : 정만진
010-5151-9696
clean053@naver.com
출판사 : 국토
발행일 : 2017년 음력 9월 16일
(명량 해전 420주년 기념일)
농협 01051519696-08 정만진(국토)

ISBN 979-11-962149-1-3 04980
ISBN 979-11-962149-0-6 04980 (전 10권)

17,500원

「이 도서의 국립중앙도서관 출판예정도서목록(CIP)은 서지정보유통지원시스템 홈페이지(http://seoji.nl.go.kr)와 국가자료공동목록시스템(http://www.nl.go.kr/kolisnet)에서 이용하실 수 있습니다.(CIP제어번호: CIP2017027268)」